Historia de un atentado aéreo
contra el General Franco

Jone Arrizebalaga

Historia de un atentado aéreo contra el General Franco.

Primera Edición: Septiembre 1993

© Antonio Téllez Solá, 1993

© Virus Editorial, 1993
c./ de la Cera, 1 bis, 08001 Barcelona
(93) 329 06 43

I.S.B.N.: 84-88455-07-0
D.L.: BI-1736-93

Imprime: Imprenta Luna
Muelle de la Merced, 3. 2º Izda, 48003 Bilbao
(94) 416 75 18

Antonio Téllez Solá

Historia de un atentado aéreo contra el General Franco

VIRUS

Antonio Téllez Solá, autor de este trabajo, junto con José María
Larrínaga Astariosa, Secretario de la Comisión de Relaciones
de la F.A.I. que organizó el atentado aéreo contra el General
Franco. Toulouse. 1946

Prólogo

"Cuanto menos propensos son, o fueron, a la concesión, más propensos al olvido ajeno, sobre todo ahora que acabamos de rendir la voluntad al principio de realidad y a la tiranía de la biología. Al haber aceptado la pequeñez de espíritu como principio rector de la experiencia, dirigimos nuestra vergüenza disfrazada de hostilidad contra aquéllos que no se rindieron y pagaron por ello. Si están vivos los matamos con la pretensión de que no existen; si están muertos, los matamos por segunda vez, sofocando su memoria con el blindaje del olvido".

Francesc Torres. Amnesia/Memoria.

La cita de Francesc Torres, autor de la exposición "Amnesia/Memoria", realizada en Barcelona a finales del año 91, corresponde a la presentación de la exposición que fue publicada en el primer folleto de la colección "La Lucha del Movimiento Libertario contra el Franquismo". En ella, Francesc Torres, se refiere a los guerrilleros libertarios asesinados por el franquismo y denuncia "el intento de asesinato de la memoria" de Sabaté, Facerías, Vila Capdevila... Como bien concluye "es la venganza de los que nunca han tenido la certeza de ser valientes".

Si en el primer volumen de la colección denunciábamos la amnesia, en este segundo, la manipulación de la memoria, en un año, el 93, en el que se "conmemora" el centenario del nacimiento de Francisco Franco, y nos invaden y confunden con biografías y estudios históricos en los que la figura del dictador asesino se diluye en la "tiranía de la realidad".

Este segundo folleto de la colección, trata de responder a los cobardes, rescatando del olvido, trayendo a la realidad de la memoria, a todos aquéllos que se negaron a aceptar la derrota, representados por el grupo de anarquistas que, uniendo su forma de pensar y de vivir, plantean "una acción descabellada, pero realizable": la preparación y realización de un atentado contra el dictador. Y lo hicieron de la forma que acostumbraban: sin esperar dictados de organizaciones ni acuerdos previos, procurándose los medios para realizarlo. Fracasaron en su intento. Pero todos ellos siguieron negándose a aceptar lo que parecía evidente, la victoria por la fuerza del terror.

Téllez presenta a los personajes y desarrolla los hechos con rigor, documentación y haciendo gala de una gran memoria histórica. Mateu, Cerrada, el Valencia... militantes reconocidos que renunciaron al despacho y a la poltrona sustituyéndolos por la acción y pagaron por ello.

Se trata de arrancar del anonimato a toda una generación perdida en la oscuridad de cuarenta años de franquismo. No nos dejemos robar nuestros sueños y hagamos memoria.

El colectivo vírico

Preliminar

Un grupo de anarquistas tomó la decisión de matar al General Francisco Franco Bahamonde en el mes de septiembre de 1948

El rumbo de la Historia de España pudo verse modificado el domingo 12 de septiembre de 1948, en la segunda jornada de las regatas de traineras que se disputaban en San Sebastián en presencia del general Franco. Un grupo de anarquistas en el exilio había planeado que el jefe del Estado moriría en aguas de la bahía de la Concha, bajo una lluvia de bombas incendiarias y de fragmentación arrojadas desde una avioneta.

Las primeras y confusas noticias sobre el espectacular proyecto fueron divulgadas por la prensa francesa en febrero de 1951, al descubrirse la avioneta "anarquista" que debía bombardear al *Caudillo*.

En un libro que se publicó en París, en vida de Franco[1] incluí un capítulo titulado "El avión misterioso", donde se recopilaban las informaciones ya conocidas por la prensa, yo agregué las iniciales de los tripulantes. Posteriormente, el periodista y amigo Eliseo Bayo, interesado por el relato, se entrevistó en París con el organizador del atentado, Laureano Cerrada Santos, y le dedicó un artículo en la *Gaceta Ilustrada* (17 de octubre de 1976) en el marco de una serie que luego convirtió en libro[2].

1. **Antonio Téllez:** *La Guerrilla Urbana. Facerías* (Ed. Ruedo Ibérico, París, 1974).

2. **Eliseo Bayo:** *Los atentados contra Franco* (Ed. Plaza & Janes, Barcelona, 1976).

De los protagonistas directos del frustrado magnicidio sólo quedan con vida, al escribir estas páginas, los dos tripulantes, pues el piloto, Primitivo Pérez Gómez, falleció en fecha por mí desconocida en un hospital parisiense, y Cerrada murió asesinado en la capital francesa el lunes 18 de octubre de 1976[3], a la edad de 74 años. En otro libro[4], al narrar unos hechos que ocurrieron en Lyon (Francia) en enero de 1951 y que condujeron al descubrimiento de la avioneta, mencionamos a Antonio Ortiz Ramírez[5] como uno de los tripulantes, y las iniciales del segundo, José Pérez Ibáñez ("El Valencia"). En este trabajo, en el que hemos incluido declaraciones de ambos, relataremos todos los detalles del insólito proyecto.

3. Sobre el asesinato de Cerrada, Bayo efectuó una investigación sobre el terreno y sus resultados fueron divulgados en la *Gaceta Ilustrada* (31 de octubre y 7 de noviembre de 1976) revelando incluso el nombre del presunto asesino: el español Ramon Benichó Canuda (a) "Ramón Leriles", de 52 años. Sin embargo, la policía no llegó a la misma conclusión, pues, después de interrogar a Benichó, lo dejó en libertad.

4. **Antonio Téllez:** *Sabaté: guerrilla urbana en España* (Ed. Plaza & Janés, Barcelona, 1978— Virus Ed., Barcelona, 1992).

5. Antonio Ortiz, con el que mantenía correspondencia desde hacía años, me comunicó que Eliseo Bayo había ido a Venezuela para entrevistarse con él, y en el nº 175 de *Interviú* (20-26 de septiembre de 1979) se publicaba un nuevo artículo sobre el tema, titulado: *Atentado contra Franco. Aparece un testigo excepcional*. Posteriormente Ortiz regresó a España.

Prolegómenos

En el nº 50 de *CNT* (21 de marzo de 1946), portavoz del Movimiento Libertario Español-C.N.T. en Francia, la militante anarquista Federica Montseny Mañé publicó, bien destacado en primera plana, un artículo titulado: *Hombres de la C.N.T. del M.L. Pedro Mateu*, en el cual se recordaba su vida abnegada de militante obrero. Mateu había asistido, como delegado de Cordes (Tarn), a un Pleno de Federaciones Locales de la Regional nº 2 (Toulouse) celebrado en diciembre de 1945. El nombre de Pedro Mateu Cusidó, nacido el 23 de abril de 1897 en Valls (Tarragona), era conocido mundialmente desde que en marzo de 1921 participó en el ajusticiamiento de Eduardo Dato, presidente del Consejo, como último recurso para protestar contra los incesantes asesinatos de militantes de la Confederación Nacional del Trabajo (C.N.T.) en Cataluña[1], que cometían impunemente, en una primera etapa, los pistoleros a sueldo del comisario de policía Manuel Brabo Portillo[2], y del aventurero alemán Fritz Golman (*barón de Koening*), y luego los del Sindicato Libre bajo el patrocinio del gobernador civil de Barcelona, Severiano Martínez Anido, y del inspector general de Orden público, Miguel Arlegui y Bayones.

He aquí unos párrafos del artículo de Federica Montseny:

Hoy Pedro Mateu, como todos exiliado, como todos con nuevas páginas de persecución y de heroísmo en su vida en los años vividos en Francia, continuando sobre tierra francesa la lucha comenzada en España, forma parte del Movimiento Libertario-C.N.T. en Francia. Lo reencontramos, al cabo de varios años de no haberlo visto, en el Congreso de Federaciones Locales

1. Entre 1919 y 1923 más de 300 militantes de la C.N.T. murieron asesinados en la cobarde lucha impuesta por el gobierno de Madrid y las autoridades y capitalistas de Cataluña.

2. El 5 de septiembre de 1919 Brabo Portillo fue cosido a balazos en la barcelonesa calle Córcega, a la una y media de la tarde. Los autores del atentado fueron Progreso Ródenas Domínguez ("Puni") y otros miembros de su grupo de acción.
Progreso Ródenas nació en Chera (Valencia) el 17 de marzo de 1896, hijo de Custodio Ródenas, ebanista y republicano federal, y de Emeteria Domínguez. Fue el menor de tres hermanos. El mayor, Volney, murió en 1933, y Libertad, la hermana, una de las figuras más destacadas del Movimiento Libertario de la época, murió en México en 1970.
La familia se trasladó a Barcelona hacia 1914, instalándose en la calle Torrent de l'Olla, del barrio de Gràcia. Progreso sufrió cárcel y es-

9

de París (1-12 de mayo de 1945), al que asistió representando la local de Cordes (Tarn).

Pedro Mateu es uno de esos hombres en reserva voluntaria que surgen como fuerzas siempre vivas, siempre alerta, en los momentos que son precisos. Uno de esos hombres silenciosos, que hablan poco y hacen mucho. Uno de esos hombres que se olvidan y se ignoran, pero de los que viven y vivirán eternamente los movimientos populares y las ideas que los inspiran.

tuvo exiliado en Francia durante la dictadura del general Miguel Primo de Rivera (1923-1930). Se unió con una muchacha vasca llamada Gregoria "Goya". Durante la guerra civil ambos combatieron en la Columna Durruti. Al terminar la contienda, la pareja se estableció en Venezuela, donde él trabajó de chófer; y en Panamá, donde regentó una carnicería. Al finalizar la segunda guerra mundial viajó a Francia con el propósito de participar en la guerrilla antifranquista, pero decepcionado por las querellas sectarias en el seno del M.L.E. regresó a Venezuela. Cuando en 1973 falleció su compañera se trasladó a México, donde vivió con su sobrino Ismael Viadiu Ródenas, hijo de Libertad y de José Viadiu Valls. Progreso murió poco después, a finales de 1973 o a primeros de 1974.

3. Juan Puig Elias nació en Barcelona el 30 de julio de 1898. Maestro racionalista y discípulo de Francisco Ferrer Guardia. Durante la

La aparición de este artículo coincidió *casualmente* con una vacante que se había producido en el Comité nacional. El secretario de Coordinación, Angel Marín Pastor, había viajado a España en misión orgánica y en octubre de 1945 había sido detenido en Barcelona. El 15 de diciembre del mismo año lograba *fugarse* de la cárcel y sólo regresaba a Francia el 17 de marzo de 1946. A su llegada a Toulouse fue excluido del Comité nacional. Entonces se realizó una consulta a la Organización para designar a un sustituto. Después del artículo de Federica, no quedaba la menor duda, Pedro Mateu Cusidó fue designado por mayoría de votos.

En un Pleno nacional de regionales que se celebró en agosto de 1946, Pedro Mateu fue confirmado en el cargo de secretario de Coordinación del Comité nacional.

Del 20 al 29 de octubre de 1947 se celebró en Toulouse el Segundo Congreso del M.L.E.-C.N.T. en Francia, y en los nombramientos del Comité nacional Mateu obtuvo aplastante mayoría: votaron en su favor 274 Federaciones locales, que representaban a 11.655 afiliados; lo seguía Juan Puig Elias[3] con 6.007 votos. Sólo José Peirats Valls[4], designado para el cargo de secretario general, aventajó a Mateu de 47 votos: 11.702, correspondientes a 238 Federaciones locales. Al Congreso asistieron delegados de 470 Federaciones locales que representaban un total de 18.774 afiliados, la fuerza más considerable de la emigración.

10

El punto decimosexto del orden del día del Segundo Congreso era: "Forma de intensificar la lucha contra Franco y Falange hasta abatirlos y dar impulso a la Revolución española". El dictamen aprobado fue:

La forma de intensificar la lucha contra Franco y Falange y la reacción en general, hasta abatirlos, y de dar impulso a la Revolución española, es la de dedicar cada militante su esfuerzo individual, directo, solidarizado al conjunto de la obra común, con la máxima abnegación.

El contacto con el pueblo, con los trabajadores, el preparar el ambiente y animar los núcleos de sublevación y rebeldía en todos los puntos, impulsar la resistencia y la acción directa, el sabotaje, perfeccionar la organización de lucha, descargar golpes eficaces contra el enemigo en todos los frentes, son medios que pueden contribuir al fin anunciado, y a ellos se agregan cuantos puedan aplicarse, a criterio de la Comisión de Defensa y del Movimiento, compatibles con nuestra dignidad.

El proyecto de Laureano Cerrada para liquidar a Franco se ajustaba perfectamente al espíritu y a la letra del último dictamen sobre acción antifranquista aprobado por el Movimiento Libertario Español-C.N.T. en el exilio.

guerra civil perteneció al Consejo de la Escuela Nueva Unificada (C.E.N.U.) y fue subsecretario de Instrucción pública. En Francia, durante cuatro años, ocupó cargos en el Comité nacional del M.L.E. (1945-1948). En 1952 se marchó al Brasil, donde murió, en Porto Alegre, el 5 de septiembre de 1972.

4. José Peirats Valls, nacido en la Vall d'Uxó el 15 de marzo de 1908, falleció en Burriana (Castellón) el 20 de agosto de 1989.

11

Pedro Mateu con su compañera Nicole, en Cordes
(Tarn), septiembre de 1975

Mateu y el atentado contra Eduardo Dato

El presidente del Consejo de ministros Eduardo Dato e Iradier, después de asistir a una sesión senatorial por la tarde del 8 de marzo de 1921, dio la orden de ser conducido a su domicilio. Eran cerca de las nueve de la noche.

Pasada la plaza de la Cibeles, junto al palacio de Comunicaciones, una motocicleta sidecar, con tres hombres armados, se situó detrás del automóvil oficial. Al llegar a la plaza de la Independencia, muy cerca del domicilio de Dato, ubicado en la esquina Lagasca-Alcalá, la moto avanzó hasta colocarse al costado derecho del vehículo presidencial. Tronaron las pistolas y el sidecar huyo a toda velocidad por la calle Serrano.

13

El ayudante Juan José Fernández, que iba sentado al lado del conductor, fue herido levemente en la cabeza; en el asiento posterior, Dato, ensangrentado, se había desplomado. El chófer, ileso, se dirigió a la Casa de Socorro del distrito de Buenavista, en el nº 1 de la calle Salustiano Olózaga (ahora Héroes del 10 de agosto)[5], próxima al lugar del atentado, pero cuando llegó a la puerta Eduardo Dato había expirado. Una de las balas, con entrada por el occipital, había salido por el frontal y era mortal de necesidad. Un segundo proyectil había penetrado por la región mastoidea izquierda y salido por la malar, y un tercero le había atravesado el cuerpo al nivel de la séptima costilla. El automóvil presentaba mas de veinte impactos, sin contar los balazos que habían hecho añicos el parabrisas.

Ricardo Sanz García[6], en *El sindicalismo y la política. Los "Solidarios" y "Nosotros"* (Edición del autor, Golfech, Francia, 1966) dice que el atentado iba dirigido, en primer lugar, contra el ministro de la Gobernación, Gabino Bugallal y Araujo, que era el principal responsable del mantenimiento en Barcelona de Severiano Martínez Anido y Miguel Arlegui y Bayones, gobernador civil e inspector general de Orden público, pero ante la imposibilidad de poder realizar el plan Bugallal, el grupo, que también había estudiado el plan Dato, para no perder más tiempo optó por este último.

Juan García Oliver[7], en su libro de memorias *El eco de los pasos* (Ed. Ruedo Ibérico, París, 1978), dice que la realización del atentado de Madrid fue un acuerdo del Comité regional de la C.N.T. de Cataluña, con la conformidad de militantes destacados de las comarcales de Reus y Alto Llobregat.

Eduardo Dato fue enterrado en el Panteón de Hombres Ilustres de la Basílica de Atocha, donde lo habían precedido los restos mortales de otros tres presidentes de Consejo de ministros: el general Juan Prim y Prats, asesinado el 27 de diciembre de 1870 en la calle del Turco de Madrid (ahora Marqués de Cubas) por varios hombres apostados que dispararon contra su coche; Antonio Cánovas del

5. A finales de julio de 1980, 27 calles madrileñas recuperaron la denominación que tenían con anterioridad a 1931, entre ellas la de Héroes del 10 de agosto.

6. Ricardo Sanz nació en Carrals (Valencia) el 5 de noviembre de 1898 y murió en Toulouse (Francia) el 25 de octubre de 1986. Militante anarcosindicalista, Sanz fue miembro activo del grupo de acción "Los Solidarios", —que durante la República cambió su nombre por "Nosotros"— junto con Buenaventura Durruti Dumange, Gregorio Suberviola Baigorri, Juan García Oliver, Rafael Torres Escartín, Aurelio Fernández Sánchez, Miguel García Vivancos, entre otros. Durante la guerra civil sucedió a Buenaventura Durruti en el mando de la 26 División, cuando este murió en el frente de Madrid el 20 de noviembre de 1936.

7. Juan García Oliver nació en Reus (Tarragona) y murió en Guadalajara (México) el 17 de julio de 1980, a los 87

Castillo, que el 8 de agosto de 1897 murió en el balneario de Santa Agueda (Guipúzcoa) bajo las balas disparadas por el italiano Michele Angiolillo[8], y José Canalejas y Méndez, también víctima de un atentado cometido por el aragonés Manuel Pardina Serrato[9], en la Puerta del Sol de Madrid, el 12 de noviembre de 1912.

Las diligencias efectuadas permitieron localizar en la Ciudad Lineal, el día 11 de marzo de 1921, un chalet sito en el nº 77 de la calle de Arturo Soria, finca donde, al parecer, había pasado una noche el sabadellense Mateo Morral[10], el hombre que el 31 de mayo de 1906, cuando el rey Alfonso XIII y su esposa Victoria Eugenia de Battenberg regresaban a palacio después de su boda arrojó una bomba al paso de la carroza. La pareja real escapo ilesa del atentado, pero murieron 23 personas entre espectadores y soldados, y más de 100 resultaron heridas.

En el chalet encontraron la motocicleta con matrícula falsa, una *Indian* con sidecar (comprada en Barcelona por 5.000 pesetas a nombre de Miguel Guiró Peix), y cinco pistolas de diferentes marcas, gran cantidad de munición y varios cargadores. De hilo en ovillo se descubrió que el inquilino del chalet era un tal *Francisco Mateos*, que vivía en la casa de Valeriana López, una viuda que admitía huéspedes, situada en los bajos del nº 164 de la calle de Alcalá, con el nombre de *José Pallardó*. El domingo 13 de marzo caía en la ratonera allí tendida Pedro Mateu Cusidó, de 24 años. Sus compañeros de atentado habían sido Ramón Casanellas Lluch y *Leopoldo Noble*. Fue la policía barcelonesa la que reveló la verdadera identidad de este último: Luis Nicolau Fort.

Casanellas logró huir a la U.R.S.S.; Nicolau Fort fue detenido en Berlín, junto con su esposa María Lucía Concepción Fors, y el 13 de febrero de 1922, previa demanda de extradición, la pareja fue entregada a las autoridades españolas. Nicolau fue a parar a la Cárcel Modelo, donde ya se encontraba Pedro Mateu; ella, después de pasar por la prisión de mujeres de la calle Quiñones, fue liberada al comprobarse que no había participado en el atentado.

años de edad. Destacado militante anarcosindicalista, fue ministro de Justicia en el gobierno de Francisco Largo Caballero en la II República. Fue miembro de Defensa Interior (DI), último organismo conspirativo del Movimiento Libertario en el exilio, que tenía como objetivo principal la eliminación física del dictador español Francisco Franco.

8. Angiolillo fue ejecutado a garrote vil, en el patio de la prisión de Bergara (Guipúzcoa) el 20 de agosto de 1897.

9. Pardina —que muchas veces se ortografía erróneamente Pardiñas— se suicidó después del atentado.

10. Morral, de 26 años, logró huir, pero reconocido el 2 de junio en Torrejón de Ardoz, a 15 km. de Madrid, se suicidó de un tiro en la sien para no ser capturado.

Como cómplices fueron detenidos: Mauro Bajatierra e Ignacio Delgado, acusados de haber facilitado las pistolas; José Miranda, llamado *El Florista*, que tenía un puesto de flores en el barrio periférico de Ventas del Espíritu Santo, bajo el cargo de haber proporcionado habitaciones al grupo; Adolfo Díaz, por haber procurado a Nicolau los pasaportes que utilizó en su huida, y Tomás La Llave, propietario de la finca donde se encontró la moto.

Los defensores de los acusados fueron: Paulino Cid, José Serrano Batanero, Eduardo Barriobero Herrán, Luis Noizader y Ángel Galarza Gago.

La causa se inicio a las cuatro y media de la tarde del primero de octubre de 1923, es decir, cuando ya ejercía el Directorio militar del general Miguel Primo de Rivera y Orbaneja. El día 11 de octubre se pronunció el fallo: Mateu y Nicolau fueron condenados a la pena capital, y los demás procesados a penas temporales. El 23 de enero del año siguiente las penas de muerte fueron conmutadas en reclusión perpetua.

Mateu y Nicolau fueron excarcelados el 15 de abril de 1931, al día siguiente de la proclamación de la República. Entonces Casanellas regreso a España. En la madrugada del 18 de marzo de 1932 fue detenido en Carmona cuando, en compañía de una comunista francesa, Maríe Louise Mitchell y de otros seis camaradas se trasladaba a Sevilla, donde iba a celebrarse un Congreso comunista. Pocos días antes de emprender viaje a Sevilla, había participado en un mitin celebrado en el teatro "Maravillas" de Madrid. Casanellas y la delegada fueron conducidos a Madrid y el día 22 acompañados a la frontera francesa. A Casanellas se le expulsaba por ser un "extranjero indeseable", pues había perdido la nacionalidad española al ingresar en el Ejército soviético.

Ramón Casanellas murió el 27 de octubre de 1933 en un accidente de motocicleta cerca de Barcelona; Nicolau fue fusilado por fuerzas del comunista Enrique Líster Forján cuando al final de la guerra civil, febrero de 1939, se dirigía hacia Francia, según versión de Adolfo Bueso en *Recuerdos de un cenetista* (Ed. Ariel, Barcelona, 1976); Pedro Mateu falleció en el pueblo de Cordes, departamento del Tarn (Francia), el 14 de noviembre de 1980.

Los sucesores de Dato fueron: Manuel Allendesalazar (12 de marzo de 1921); Antonio Maura (14 de agosto de 1921); José Sánchez Guerra (8 de agosto de 1922). Éste último era un conservador de tendencia liberal y el mismo día que tomó posesión de la jefatura del gobierno, las prisiones de España abrieron sus puertas para dar salida a los miles de presos anarcosindicalistas que sufrían prisión gubernativa.

Laureano Cerrada en 1951

La idea del atentado contra Franco

La idea de un atentado aéreo contra Franco, según declaraciones del propio Laureano Cerrada, surgió de Pedro Mateu, secretario de Coordinación del Comité Nacional del M.L.E.-C.N.T. en Francia y de su Comisión conspirativa. Según palabras de Cerrada...

se hablaba un tanto ambiguamente de la posibilidad de comprar un avión para realizar "algo importante". También se buscaba un piloto que fuera capaz de cumplir una misión delicada y de la máxima importancia. Los organizadores no me dijeron nada. Lo llevaban con el máximo secreto, y cuando se lo pregunté a Mateu me contesto con evasivas, refiriéndose además a la falta de dinero. No hicieron nada en un año, salvo reunirse cada quince días a tomar café con la Revolución.

Cerrada podía encontrar el dinero para el aparato y, naturalmente, los hombres necesarios para realizar la empresa. Inmediatamente se puso a elaborar el proyecto.

Laureano Cerrada Santos había nacido en Miedes de Atienza (Guadalajara) en octubre de 1903. Muy joven se afilió a la C.N.T. y militó activamente en el seno de la sindical anarcosindicalista. Era obrero de Vías y Obras en la Red Nacional de Ferrocarriles Españoles (R.E.N.F.E.) y al estallar la guerra civil dio pruebas de una gran capacidad organizativa. En el exilio, después de actuar activamente en la clandestinidad durante la ocupación nazi, ocupó cargos de gran responsabilidad tanto en la C.N.T. como en la Federación Anarquista Ibérica (F.A.I.).

Las fuerzas aliadas desembarcaron en las costas de Normandía el 6 de junio de 1944, y el 15 de agosto lo hacían en el litoral del Mediterráneo, en la península de Saint Tropez. Los alemanes empezaron a evacuar la región de los Pirineos el 19 de agosto. París fue liberada el 24 del mismo mes y Laureano Cerrada fue secretario general del primer Comité confederal de la Zona Norte (París y Normandía). El semanario *Solidaridad Obrera*, órgano regional de la C.N.T., salió a la luz pública el 24 de septiembre.[11]

Los guerrilleros españoles de la denominada "Unión Nacional", bajo el control del Partido Comunista, después de participar en la liberación de todo el sur de Francia, atacaron en los Pirineos y penetraron en España el 17 de octubre de 1944, con el propósito de establecer una cabeza de puente en la Vall d'Aran que debía ser el punto de partida de la "Reconquista de España".

Entre las fuerzas que habían desembarcado en Saint Tropez, estaba el Primer Batallón de Choque organizado en África del Norte. Uno de sus componentes era Antonio Ortiz Ramírez[12], el mismo que durante la guerra civil salió al frente de la segunda columna anarcosindicalista en julio de 1936 y que tuvo destacada actuación en el frente de Aragón.

11. Cerrada, por otra parte, editaba un mensual impreso: *Cultura Ferroviaria*, boletín interior de la Federación Nacional de la Industria Ferroviaria, de cuatro páginas, formato 15,5 x 21,5 cm.

12. Antonio Ortiz nació el 13 de abril de 1907 en Barcelona.

13. Gambiez creó a partir del 23 de mayo de 1943, en Staoueli (Argelia), un "Batallón de Asalto" que a continuación se denominó "Batallón de Choque". Gambiez, teniente coronel en 1944, llegó a general de Ejército. De un efectivo máximo de 700 hombres, el 1er Batallón de Choque sufrió, entre septiembre de 1943 y mayo de 1945, 205 muertos, 42 desaparecidos, 535 heridos, sin contar los fallecimientos y heridas accidentales.

14. La historia de esta unidad figura en el libro de Raymond Muelle: *Le Premier Bataillon de choc* (Ed. Presses de la Cité, París, 1977).

15. José Pérez nació en Játiva (Valencia) el 19 de febre-

Esta fuerza de desembarco, después de liberar Tolón, había avanzado, combatiendo, hacia el Norte, por Montelimar, Valence, Grenoble, Lyon, Dijon y Vesoul. Cuando los españoles atacaron en los Pirineos, el Primer Batallón de Choque se encontraba descansando brevemente en un pueblecito cerca de Lure (Alto Saona).

El coronel Fernando Gambiez, fundador de la unidad[13], que por cierto había estado preso en Figueres y en Miranda de Ebro, cuando se evadió a Francia para proseguir la lucha contra los nazis, fue quien comunicó a Ortiz la noticia del ataque guerrillero, exhortándole para que se fuera a combatir con los *suyos*:

— ¿Qué esperas? ¿Qué haces tú aquí ahora?

— Dame permiso.

— En seguida. ¿Para dónde lo quieres?

— Para París.

— ¿Qué dices?... Es en la frontera donde...

— Sí, ya sé, pero allí están los comunistas y antes quiero informarme; luego regresaré para llevarme un camión de material.

— ¡De acuerdo! —exclamó Gambiez— ¡Nos iremos todos!

Ortiz encontró a Cerrada en el local de la C.N.T., en el nº 6 de la calle de la Douane (ahora calle Léon Jouhaux). Los dos hombres se conocían desde hacía muchos años. En 1931 Cerrada estaba de vigilante en un apeadero de la R.E.N.F.E. en la calle de Aragón, cerca de la Plaza de Toros Monumental de Barcelona, donde había sido destinado, represaliado, por su activa participación en una huelga ferroviaria. Ortiz, por aquellas fechas, andaba liado con problemas también huelguísticos del Sindicato de la Madera y Cerrada les guardaba el "material" que iban a buscar cuando precisaban.

La información que recibió Ortiz sobre las actividades partidistas de los comunistas españoles en Francia y sobre

ro de 1912. En el movimiento revolucionario de enero de 1933 ya estuvo detenido junto con Gregorio Jover Cortes, Antonio Ortiz y Juan García Oliver. Fue en 1933, un poco antes de las elecciones del 9 de noviembre, cuando se constituyó el célebre grupo anarquista *Nosotros*, del cual formaban parte Francisco Ascaso Abadía, Buenaventura Durruti, Aurelio Fernández, Gregorio Jover, Antonio Ortiz, Ricardo Sanz García y el propio "Valencia", entre otros. Cuando el Ejercito español se sublevó contra la República en julio de 1936, el grupo *Nosotros* era el Comité de Defensa confederal en Barcelona.

Juan García Oliver, Gregorio Jover, Antonio Ortiz y José Pérez iban al frente de los compañeros que entablaron combate en la entrada de la calle de San Pablo y Brecha, por donde avanzaban los sublevados para cortar el Paralelo por el "Moulin Rouge". Los anarquistas hicieron retroceder a los soldados.

José Pérez y Alfonso Miguel salieron hacia Valencia para resolver la situación ambigua que allí imperaba. Se asaltaron los cuarteles y los milita-

la pretendida "Unión Nacional" lo incitó a regresar, más que decepcionado, a su batallón[14], con el cual prosiguió la guerra contra Alemania hasta que fue herido y posteriormente desmovilizado el 5 de agosto de 1945.

De nuevo en París, Cerrada insistió para que se quedara a su lado, pues quería constituir una organización de combate, de ingreso restringido y voluntario, que permitiera actuar *libremente* contra el régimen franquista, sin comprometer para nada a la Organización oficial, enzarzada en legalismos y obligada a acatar las leyes restrictivas francesas. Ortiz, por su parte, pensaba que era indispensable crear una escuela y un campo de entrenamiento para los combatientes, idea que completaba la de Cerrada. Éste confiaba entonces, equivocadamente, en que la Organización daría su visto bueno y que podría poner su idea en práctica. Si el proyecto se concretaba, Ortiz estaba dispuesto a aportar su ayuda y su gran experiencia, pero, mientras se *negociaba* el asunto, y sabedor de que *las cosas de palacio van despacio*, prefirió marcharse a trabajar a Burdeos. Algo más tarde, junto con José Pérez Ibáñez ("El Valencia")[15], con el cual le unía larga amistad, montaron una serrería en Saverdun (Ariège).

Cerrada siguió de secretario del Comité regional. En un Pleno de comarcales de la XI región, celebrado en París el 7 de enero de 1945, con representantes de 97 Federaciones locales, que sumaban 5.740 afiliados, había sido reelegido en el cargo. En otro Pleno, celebrado el 8 de septiembre de 1945, dejó la secretaria general a José Blanco[16] y el se encargó de la de Coordinación (eufemismo para designar la secretaría encargada de coordinar la acción conspirativa). En el mes de octubre de 1946, en otro Pleno regional, presento su dimisión y se dedicó exclusivamente a la *Sección Fomento*, organismo cuya misión esencial consistía en recuperar los bienes dispersos que habían pertenecido a la Organización.

res se rindieron a los dos camiones llenos de compañeros llegados de las barriadas del Clot y Pueblo Nuevo.
José Pérez salió con la columna *Los Aguiluchos* del cuartel de Pedralbes, al frente de la cual desfiló todo el grupo *Nosotros* —menos Ascaso y Durruti— por la vía Layetana. En Barcelona solo se quedó, de momento, Aurelio Fernández y Ricardo Sanz.
Juan García Oliver, en su libro de memorias ya mencionado precedentemente, cita erróneamente al "Valencia" con el nombre de *Antonio Martínez*.

16. José Blanco era un veterano militante que se había destacado durante la época más agitada del sindicalismo revolucionario español (1920-1922). En diciembre de 1947 se incorporó a la Organización de España. A primeros de junio de 1948 fue detenido en Madrid y un consejo de guerra celebrado en septiembre de 1949 lo condenó a 30 años de reclusión. Murió en la cárcel.

La preparación del atentado

En el mes de agosto de 1948 Ortiz recibió un mensaje de Cerrada para que fuera a verlo a Toulouse. La entrevista se celebró en el nº 4 de la Calle Belfort, sede del Comité nacional del M.L.E.-C.N.T. en Francia. Cerrada pertenecía entonces, junto con Jose Maria Larrínaga Astariosa[17], a la Comisión de relaciones de la F.A.I., y ya empezaba a sufrir la presión comiteril de la Organización libertaria, disconforme con sus métodos, para que entregara todos los medios que controlaba y para que suspendiera su actuación que se consideraba muy poco "ortodoxa".

— Mira, Ortiz —dijo Cerrada—, si esa gente fuese capaz de hacer algo, yo no tendría el menor inconveniente en ponerlo todo a su disposición, pero lo que pretenden es matar la gallina... los huevos ya se los han comido en gran cantidad...

Fue entonces cuando Cerrada puso sobre la mesa unos planos y fotografías de San Sebastián, la *Donostia* de los vascos, y le explicó que el general Franco estaría en la ciudad en las regatas anuales de septiembre. Le dijo que disponía de un buen piloto —que le había presentado Pedro Mateu— y que tenía dinero más que suficiente para poder comprar un avión. Le enseñó un catálogo de avionetas de turismo de la *Société Nationale de Constructions Aéronautiques Nord-Aviation* (S.N.C.A.N.) entre las cuales había hecho su elección.

— ¡Pero eso es una *bicicleta*! —exclamó Ortiz al ver las características del aparato que pensaba adquirir Cerrada.

17. Jose María Larrínaga, que colaboró activamente en la fase preparatoria del atentado, falleció en Bilbao, su ciudad natal, en 1979.

23

La avioneta, cuatriplaza, tenía una envergadura de 10,22 m, una longitud total de 7,22 m, y una altura de 2,76 m. En vacío pesaba 652 kg. Su denominación técnica era "Nord 1202/II *Norécrin* II". Tenía un radio de acción de 900 km, con una velocidad máxima de 280 km/hora.

— En el cielo de San Sebastián —dijo Ortiz— encontraremos sin duda cazas. ¿Qué informaciones tienes de años anteriores?

Según Cerrada, durante las regatas volaban bastantes avionetas sobre la Concha, y la suya podría pasar fácilmente inadvertida entre todas las demás. Era el aparato que dejaba más margen de probabilidades para poder efectuar con éxito un atentado contra Franco.

Ortiz le insistió mucho sobre la conveniencia de verificar esa información clave, y también le encomendó que averiguara la situación de los campos de aviación más próximos a San Sebastián, con el objeto de poder determinar el mejor modo de "colarse" sin dar la alarma. Examinaron los pormenores del proyecto y quedaron citados en París, tres días más tarde, para probar el aparato previsto.

En la capital, Cerrada le presentó a Primitivo Pérez Gómez, nacido en Los Santos (Salamanca) el 23 de junio de 1917, que había pilotado, durante la guerra civil española, los célebres aviones soviéticos I-16, denominados "Mosca". Era un joven de buen temperamento y muy decidido.

Los trámites iniciales para la compra de la *bicicleta* ya se habían formalizado. Sobre la adquisición de la avioneta, Georges Fontenis dice en su libro: *L'autre comunisme. Histoire subversive du Mouvement libertaire* (Ed. ACRATIE, Mauleon, Pyrénées Atlantiques, 1990, 400 páginas):

> *Cerrada me había hecho una petición concreta: se trataba de comprar a mi nombre, pero en realidad para su Organización, un avión de turismo de ocasión pero en buen estado; era el aparato particular de Henri Farman, el constructor, y que estaba en*

venta por 1.600.000 francos de la época (aproxi-
madamente dos millones y medio de pesetas de
1990). El aparato sería acondicionado para efec-
tuar un atentado contra Franco durante las vacacio-
nes de verano que pasaba en su residencia de San
Sebastián. Acepté sin titubear.

Naturalmente, fue necesario efectuar toda una se-
rie de gestiones: en el banco donde Cerrada y su
tesorero, José Villanueva, se presentaron con una
maleta llena de billetes y que depositaron en mi
presencia contra un cheque certificado. Yo tuve
que hacer una declaración de compra en la comi-
saría de mi distrito, donde fui recibido con deferen-
cia (el poder del dinero), y yo, naturalmente, adopté
un aspecto respetable que en ningún caso permitía
suponer que se trataba del secretario de la Federa-
ción Anarquista Francesa en persona.

En fin, tuve que posesionarme del aparato des-
pués de una prueba de vuelo en la cual parti-
cipé en el pequeño aeródromo de Guyancourt,
donde, una vez mas, se me confundió con una
persona adinerada que se pagaba un capricho
y que disponía de piloto particular. Todo se
desarrolló perfectamente.

Los futuros propietarios, pues, eran esperados en un aeródromo cerca de París para demostrarles las posibilidades de la avioneta. Los representantes los recibieron con mucha consideración y después de las cortesías de rigor pasaron a la pista.

Primitivo se sentó al lado del piloto presentador de la S.N.C.A.N., Ferdinand Dupéré, y detrás Antonio Ortiz, con un compañero catalán que era mecánico, llamado Soler. Después de dar las explicaciones pertinentes sobre el funcionamiento de los diversos instrumentos, el piloto puso el motor en marcha y, mientras el aparato correteaba por la pista, se puntualizaban algunos detalles. Aceleró el motor —un Régnier 4LO, 135 HP, 2.280 r.p.m.— y la máquina despegó.

Antonio Ramírez en París, diciembre de 1944.

El piloto accionó el tren de aterrizaje escamoteable: las dos ruedas principales se plegaban hacia el exterior y la rueda delantera hacia atrás. El aparato era modernísimo, pues aquel año se había comenzado la fabricación en serie. Su velocidad de ascensión era de 300 metros por minuto y su techo de 5.000 metros.

Dieron varias vueltas sobre el campo y, cuando el piloto ya iba a iniciar el descenso, Primitivo le pidió que diera otra pasada a toda velocidad y que descendiera en picado para aterrizar en el menor tiempo posible. Normalmente, el *Norécrin*, a una velocidad de 85-90 km/h, precisaba unos 170 metros.

— *C'est defendu* (está prohibido) —dijo el francés.

Primitivo insistió y finalmente el piloto se avino a darle satisfacción. Enfiló la pista en un picado de más de 300 km/h y en cosa de segundos el aparato tocó tierra, pero con un estrépito de mil cacerolas. Se paró el motor y la avioneta se encontró envuelta en una nube de polvo. Las aspas de la hélice casi habían rozado la pista con el riesgo de hacerse añicos. Había aterrizado en unos 160 metros.

— *Nom de Dieu! Q'est que ce ça?* (¡Dios mío! ¿Qué es eso?) —exclamó el piloto, llevándose las manos a la cabeza. Un *jeep* y una ambulancia se aproximaban a toda velocidad.

Calmaron al piloto diciéndole que todo estaba perfecto y que se quedaban con el aparato. En aquel momento todos pensaron lo mismo: la *bicicleta* podía aterrizar, en caso de necesidad en un campo de habas...

Por la tarde se reunieron con Cerrada, le comunicaron el resultado de la prueba y le aconsejaron la compra del aparato. Luego, naturalmente, la conversación derivó hacia la realización del atentado, y Primitivo y Ortiz ya estaban discutiendo pormenores del mismo cuando intervino Cerrada:

— ¡No, no, Ortiz, tu no puedes ir!
— ¿Se puede saber por qué?
— Puedes hacernos falta después.
— ¿Que yo no puedo ir? ¿Es que acaso tienes a mano alguien que sepa algo de eso de volar?
— En verdad, no..., —contestó Cerrada.
— Pues no hablemos mas del asunto y sigamos... ¡porque el que va soy yo!

Ortiz regresó a Saverdun, a su trabajo, en espera de que lo avisaran. Su amigo José Pérez ("El Valencia") tenía cara taciturna y no decía ni una palabra hasta que no pudo resistir más y, aprovechando un momento en que estaba solo con Ortiz, soltó un tajante:

— ¡Yo también voy!
— ¿Dónde? —preguntó Ortiz con chunga.
— ¡Contigo! No voy a permitir que vayas con otros. ¿Me tomas por tonto? Yo voy y a mí tu no me dejas en la calle, o... ¿es que no tienes confianza después de tantos años y de tantas veces que?...

Avioneta "Nord 1202/II Norécrin II", modelo utilizado en el proyectado
atentado contra el General Franco

Ortiz trató de escabullirse con evasivas. Le recordó que
tenía mujer y una hija menor, pero el "Valencia" no se apeaba
del burro. Por fin, refiriéndose a un viejo dicho español, le
dijo:

— No es cuestión de desconfianza, pero tú todavía no
has subido nunca en globo...

— ¿Y eso qué importa? —contestó Pérez casi a gritos—, si hay
que subir en globo se sube, y si se trata de un camello también...

28

Ortiz tuvo que aceptar en principio la participación de su amigo, pero advirtiéndole que primero había que verificar lo de "subir en globo"...

Días después llegó el aviso de Cerrada y el tiempo apremiaba porque la fecha de las regatas se venía encima.

Todos los interesados se reunieron en la capital francesa. Cerrada con un cheque de 1.600.000 francos para cerrar la operación. Allí estaba Georges Fontenis[18], secretario de la *Federation Anarchiste* y director de *Le Libertaire*, testaferro en una compra que, obligatoriamente, sólo podía efectuar un francés; José Villanueva Lecumberri[19], íntimo amigo y hombre de confianza de Cerrada; Antonio Ortiz y José Pérez ("El Valencia"). A este último Cerrada lo conocía bien y cuando lo vio, se limitó a decir:

— ¿Como estás "Valencia"? —y añadió— ¿Eres tú quien va con Antonio? Tanto mejor, así todo queda en casa...

Desde hacía dos días Fontenis andaba embromando a Cerrada, diciéndole que sólo aceptaría comprar el avión a su nombre si se avenía a probarlo con él. Ese día, cuando ya se iba a celebrar el contrato, Fontenis insistió:

— Si quieres que firme tendrás que subir al avión conmigo.

Cerrada juraba y perjuraba que nunca había subido a un avión, y que por nada del mundo lo haría. El grupo ya se encontraba en una de las carreteras adyacentes al campo de aviación y nuestro hombre seguía lamentándose:

¿Cómo es posible que a Fontenis se le ocurra que subamos los dos a probar la avioneta? ¡Cualquier cosa menos eso!

"El Valencia", que al fin y al cabo también llevaba a cuestas su problemita de no haber viajado nunca en avión, le dijo con sorpresa para todos:

— Vamos, Cerrada..., que se está mejor arriba que en tierra.

Fontenis machacón repetía:

— ¿Qué hacemos?... ¿Subimos o nos vamos?

18. Georges Fontenis, nacido el 27 de abril de 1920 en París, residía entonces en la calle Fessart, nº 7, de la capital francesa.

19. Jose Villanueva Lecumberri, nacido el 13 de enero de 1895 en Mieres (Asturias), falleció en París en enero de 1977.

29

El piloto Primitivo Gómez Pérez en París, 1960.

Pero Cerrada ya había acudido a la cita dispuesto a "sacrificarse" si no quedaba otro remedio. Después de rascarse la cabeza, el pecho y hasta las piernas, se alejó unos pasos con José Villanueva y le entregó unos sobres cerrados, mientras, con toda evidencia, le hacía múltiples recomendaciones. Después llamó a Ortiz a solas y le dijo:

— No te separes ni pierdas de vista a Villanueva ni un solo instante; en los sobres que le he entregado van todos mis secretos.

Era claro como el agua que Cerrada había tomado la precaución de hacer *testamento*, por *si acaso*, y Ortiz, riéndose, lo animó diciéndole:

— Anda tranquilo... estoy seguro de que te va a gustar.

Fontenis y Cerrada se dirigieron al campo para efectuar la compra de la avioneta, y los demás a otro aeródromo, que se encontraba a unos quince minutos en automóvil, que es donde debía efectuarse la entrega oficial del aparato.

Villanueva, "El Valencia" y Ortiz subieron a uno de los dos coches con que habían llegado, y Ortiz hizo algunas bromas sobre los documentos que Villanueva llevaba encima y sobre su propia *misión* de vigilarlo constantemente. Villanueva, con un gran suspiro que provocó la carcajada en sus amigos, exclamó:

— ¡Dios quiera que no le pase nada a Cerrada!

Desde el campo vieron llegar al *Norécrin*. Después de algunas evoluciones aterrizó con toda normalidad. Fontenis descendió riéndose y Cerrada, con la cara radiante de un niño que acaba de estrenar un juguete. Su visible satisfacción no le hizo olvidar los papeles que había entregado a Villanueva y que recuperó inmediatamente.

Se ultimaron los trámites de la entrega y Primitivo se hizo cargo de la avioneta, matrícula F-BEQB nº 139, para conducirla al campo de Saint-Jean-d'Angély (Charente Marítimo), a unos 30 km al noroeste de Cognac (Charente), en cuyo club aéreo el piloto había obtenido la licencia en 1945. Y ahora le tocaba al "Valencia" demostrar que podía "subir en globo".

El miedo de José Pérez era muy particular, estaba concentrado en el comportamiento de sus vísceras, pues temía que le jugaran una mala pasada y le fastidiaran el *examen*. Se acomodó al lado del piloto con un pañuelo blanco que parecía una sabana, y es muy probable que llevara otros de reserva. Su cara estaba mas blanca que el pañuelo.

El tiempo estaba muy bueno y el aparato se zarandeaba muy poco. La palidez del *novato* fue desapareciendo poco a poco y por fin el pañuelo fue sumido en las profundidades de un bolsillo. Al aterrizar el *Norécrin* en Saint-Jean-d'Angély, la cara de felicidad del "Valencia" era indescriptible.

Primitivo les advirtió que era conveniente, por ser costumbre, ir a pasar un rato al *mess* de los pilotos para tomar unas copas y conversar con los aviadores franceses. Así lo

Georges Fontenis, octubre de 1963.

hicieron y, al calor de unas rondas de coñac, el ambiente se animó rápidamente, y sin saber el cómo ni el porqué salió a relucir el tema de la Segunda Guerra Mundial. Uno de los franceses preguntó a Ortiz si había estado en Rougemont le Chateau, donde precisamente el Primer Batallón de Choque tuvo que combatir duramente el 27 de noviembre de 1944.

— Yo conducía allí una tanqueta ligera —dijo el piloto.
— El de la tanqueta llevaba un gorro de marino y mucho *pinard* (vino) en el estómago —contestó Ortiz mirándolo fijamente.
— *Nom de Dieu! Alors, c'est toi qui marchais a mon coté?* (¡Dios! ¿Entonces eras tu el que iba a mi lado?)
— *Moi même...* (Yo mismo...)

Siguieron charlando un buen rato y cuando ya parecía que el efecto del alcohol se había disipado un poco, el francés agarró a Ortiz por el brazo y, mirándolo muy serio, le dijo:

— *Frère! Sors un peu dehors, ici il fait trop chaud...* (Hermano, vamos a fuera un momento, aquí hace mucho calor...)

Ya fuera, sin soltarle el brazo, volvió a decirle:

— *Frère!* Discúlpame si me meto en lo que no me importa... Sois españoles y tenéis una máquina... *un petit velo* (una pequeña bicicleta)... Yo soy piloto y efectúo vuelos de reconocimiento. Varias veces, *por órdenes*, me he perdido en la zona de los Pirineos. Puedo garantizarte que está cubierta por radar y que los *wolves* siempre están en el aire y tiran a matar.

Ortiz se rio mientras le afirmaba que no tenían el menor propósito de sobrevolar los Pirineos; pero el francés, cada vez más serio, exclamó:

— *Frère! Ce sont tes oignons...* (eso es cosa tuya...) Mi conciencia queda tranquila y quedamos en paz por lo de Rougemont le Chateau.

En Saint-Jean-d'Angély esperaron la llegada de Soler, quien, discretamente, debía instalar en la avioneta el "dispositivo lanzabombas": una abertura en el piso, en el lado izquierdo, detrás del asiento posterior, al cual se adaptaría un tubo de un metro de largo, del diámetro de las bombas, perfectamente pulido interiormente. En su parte exterior, un tope en la parte media serviría de apoyo en el piso, y permitiría orientarlo en cualquier ángulo de lanzamiento deseado. Después, Primitivo llevaría la avioneta a Tarbes y de allí a Dax (Landas), punto de partida de la expedición bélica.

Con Soler llegaron también algunos de los colaboradores de Cerrada, imprudencia innecesaria, pues con sus idas y venidas atrajeron la atención de un oficial del campo que los expulsó, y a continuación tomó medidas para que se controlara la salida de la avioneta y la identidad de sus tripulantes.

Mientras Soler trabajaba, Primitivo, que vivía cerca, hizo de cicerone y los hizo recorrer un poco Cognac y su campiña.

Cuando el aparato estuvo "arreglado", Ortiz y "El Valencia", después de presentar su documentación en la oficina del campo, salieron con la avioneta pilotada por Primitivo hacia Tarbes. En la capital del departamento de los Altos Pirineos, los dos pasajeros salieron en tren hacia Dax para echar un vistazo al campo de aviación de donde despegaría el "bombardero" que debía llegar al día siguiente. Se estaba aproximando el segundo domingo de septiembre, el día "D".

Un compañero, Bautista Agustí fue a buscar a Ortiz para acompañarlo a Mont de Marsan donde debía revisar el "material". En el desván de una casa admiró unas 30 bombas de aviación de cinco kilos y cuatro incendiarias de 10 kilos, todas robadas en un polvorín de Orleans (Loiret) durante la ocupación alemana; también había un fusil ametrallador. Las bombas estaban en perfecto estado, con sus respectivos seguros de espoleta. Ortiz examinó los fulminantes de media docena y comprobó que todo estaba en condiciones óptimas de funcionamiento.

El domingo 12 de septiembre de 1948

Por fin llegó el sábado, víspera del día "D". Todos se habían aposentado en una casa de huéspedes de Dax, y Cerrada estaba pendiente de las llamadas telefónicas. Dos compañeros, Luis Fernández Robla[20] y José María Larrea, se habían encargado de coordinar la acción en España, y fueron ellos los que comunicaron a última hora, desde San Sebastián, que los festejos del domingo iban a celebrarse como estaba previsto y que Franco los presidiría.

Los dueños de la posada no comprendían el aire de solemnidad que tenían sus huéspedes, y parecían algo molestos de verlos tan ensimismados. Les dieron algo de comer y unas botellas de vino, pusieron música y, sin duda para serles agradables, el disco "Adiós pampa mía". Luego se bailó un poco y ya era tarde cuando todo el mundo se fue a la cama.

El domingo 12 de septiembre se levantaron a eso de las ocho de la mañana. Primitivo estaba de lo más tranquilo, "El Valencia" con su cara seria de siempre, Ortiz disimulando mal su excitación interior, Cerrada quejándose de los pies porque la noche anterior también había baileteado con la patrona. Dijeron que iban a dar una vuelta por las afueras del pueblo y que probablemente no regresarían hasta el anochecer. Salieron directamente hacia el campo de aviación. El cielo estaba encapotado. La pista del campo de Dax era una faja de tierra con una línea de árboles en cada uno de sus extremos, y no podía decirse que le sobraba longitud.

20. Luis Fernández Robla nunca utilizó el primer apellido, con lo cual era de todos conocido por Luis Robla. Nació en León en 1918.

35

Primitivo situó la avioneta en el extremo de despegue, lo más resguardada posible de miradas indiscretas; la camioneta con el "material" ya había llegado. Lo primero que hicieron fue llenar el depósito de carburante hasta el tope: 92 kg en total, aceite incluido.

El chófer, llamado "El Pelat", estaba bastante nervioso al principio, pero luego se fue tranquilizando. Debían estar sobre San Sebastián a la una de la tarde. Fueron pasando las bombas a Ortiz y éste las colocaba en el piso, en la parte trasera de los asientos. Cargó las cuatro bombas incendiarias y 20 de fragmentación, pues la capacidad de carga útil de la avioneta, sin contar 75 kg calculados para el piloto, era de 231 kg El calculo era fácil de hacer: "El Valencia" y Ortiz, unos 150 kg, las bombas 140, en total 290 kg sin contar otra impedimenta. El peso total del aparato cargado no podía ser superior a 1.050 kg, y las cifras citadas ya daban un excedente mínimo de 60 kg. El fusil ametrallador quedó en la camioneta, era imposible manejarlo desde una carlinga cerrada con parabrisas de plástico.

Cerrada advirtió que era necesario enmascarar la matrícula y signos convencionales de la avioneta con papel engomado, como así habían previsto, pero ya era tarde, ya no quedaba tiempo para ello. De todas formas la avioneta no regresaría a Francia. Después de la acción aterrizaría en un punto ya determinado de Navarra, sería destruida, y sus tripulantes recogidos y puestos a salvo por un comando de resistentes.

"El Valencia" se sentó junto al piloto, con un aparato fotográfico destinado a tomar vistas del atentado y unos paquetes de manifiestos, firmados por Grupos internacionales "Los Elegidos", que serían lanzados sobre San Sebastián después del bombardeo; Ortiz, con unos potentes prismáticos, a la espalda de Primitivo. Éste pegó la cola del aparato a la fila de árboles y comenzó a acelerar el motor. La avioneta inició la carrera, despegó del suelo con gran dificultad. Con peso normal el *Norécrin* precisaba 250 metros. La fila de árboles del final de la pista se aproximaba rápidamente y la vieron delante de sus narices. Pasaron rozando las ramas más altas.

Después de tomar altitud, el piloto se orientó rumbo a Biarritz y al mar. Ortiz hacía de navegante. Desplegó el plano y dispuso la brújula. "El Valencia" estaba con los brazos cruzados como en la butaca de un teatro. Ortiz preguntó la velocidad al piloto y la altitud. Volaban a 1.000 metros y a velocidad de crucero: 220 km/h, mar adentro, para al cabo de unos veinte minutos virar a la izquierda. El cielo estaba encapotado. La visibilidad era muy mala, y el aparato, sin radio, estaba aislado del mundo.

— ¡Mira, Ortiz, es aquello!... —gritó Primitivo.

Allá a lo lejos se perfilaba, borrosa, la costa. El morro de la máquina en la línea del monte Igueldo. Primitivo disminuyó la velocidad y fue descendiendo para situarse, al entrar en el campo de acción, a unos 300 metros de altitud, con la esperanza de poder evolucionar con las otras avionetas que debían estar sobrevolando la Concha.

— ¡"Valencia"! —gritó Ortiz— ¡Ven a ayudarme!

Mientras comenzaba a aflojar las palomillas de seguro de las bombas, "El Valencia", con su estatura de 1,80 m, practicaba una gimnasia difícil para pasar al asiento posterior.

Al descender la avioneta el cielo se despejó un poco y el mar quedó perfectamente visible. Se distinguían dos barcos de guerra, que por su tamaño parecían torpederos, que navegaban en conserva, en círculo, mar adentro, como si hicieran prácticas antisubmarinas. Se podía vislumbrar la bahía que, protegida por la isla de Santa Clara, constituye el puerto de San Sebastián. Ambas entradas de la Concha estaban cerradas por sendas filas de embarcaciones, y delante de ellas dos lanchas rápidas que parecían artilladas.

Todo se desarrollaba con gran rapidez. "El Valencia", con sus acrobacias, ya tenía medio cuerpo en la parte posterior.

— ¡Vamos! —gritó el piloto con la vista fija en la costa.

Repentinamente, cuando se encontraban casi a la vertical del monte Igueldo, se despejó el cielo y apareció un hidroavión que se dirigía hacia el *Norécrin* a la misma altitud. Primitivo viró a la derecha, como si quisiera sobrevolar la costa, y el hidro lo hizo a su izquierda, abarcando en semicírculo la zona interior de la Concha, como una red protectora. Mientras tanto, "El Valencia" había conseguido pasar al otro asiento.

Las embarcaciones de Fuenterrabía y de Pedreña, que participaban en la justa, estaban en medio de la Concha, en dirección al monte Igueldo, casi parejas, y, un poco retrasada, una gran motonave, que las seguía como si fuera el árbitro de la regata. Era sin duda la embarcación de la Comandancia de Marina desde la cual Franco y su esposa, ministros y personalidades, presenciaban la regata.

Y allá... al fondo... una impresionante tribuna del Club Náutico, llena de peces gordos de la provincia y de Madrid.

La avioneta, a velocidad mínima, sin penetrar en la bahía, recorrió la costa dos o tres veces en ambos sentidos, siempre paralela al hidro vigilante que hacía lo mismo, pero sin abandonar el semicírculo de la Concha. Por encima del *Norécrin* volaban cuatro cazas, de dos en dos, en diferentes posiciones y altitudes, y debajo, las torretas antiaéreas de los barcos giraban siempre en dirección de la avioneta.

De repente aparecieron otros dos cazas, y... ni una sola avioneta particular.

— *¿Que fem?* —preguntó "El Valencia".

Primitivo dio otra vuelta y sugirió ascender a la altitud máxima que permitía el aparato, y desde allí lanzar las bombas.

— ¿Dónde caerán? —se preguntó Ortiz, mientras pensaba que el aparato, si el piloto quería, podría transformarse en un torpedo volante...

Dos cazas picaron e hicieron señas con las alas al piloto para que los siguiera. Primitivo, sin pensarlo dos veces, picó hacia la superficie del mar a 300 km por hora y a dos palmos del agua enderezó y tomó el rumbo de Francia.

Ya en aguas galas, José Pérez y Antonio Ortiz lanzaron las bombas incendiarias al mar para evitar el peligro que representaban durante el aterrizaje. Afirmaron las palomillas de las otras bombas y penetraron en el cielo de Biarritz.

En el campo de Dax los esperaban Cerrada y otros compañeros; Luis F. Pobla ya había comunicado el fracaso de la expedición.

— ¿Qué pasó? —preguntó Cerrada, inquieto y angustiado, pero las caras de los pasajeros valían por si solas toda una explicación.

Todo el mundo se apresuró a descargar las bombas, pero mientras estaban ocupados en esta operación, vieron que el encargado del campo llegaba con su *jeep*. Ortiz salió al encuentro para evitar que se acercara demasiado a la avioneta, pues ya había asistido desde lejos a la operación de carga y ahora veía la descarga de una mercancía de aspecto inconfundible. Dando un palmetazo en la espalda de Ortiz le dijo:

— *Manque de pot!* (¡mala suerte!) —dio media vuelta y desapareció.

La camioneta se marchó con las bombas y con los hombres *de tierra*. Los tres navegantes, después de calzar la avioneta, se dirigieron a pie al hotel.

En el hospedaje todos se sentaron en un rincón y después de pedir unos refrescos, pues las bocas estaban resecas, el piloto explicó todo lo ocurrido. Cerrada preguntaba y preguntaba para conocer hasta los más mínimos detalles, como si no fuera verdad lo que estaba escuchando. Entonces intervino Ortiz diciéndole:

—Mira, Cerrada, si alguien deseaba de verdad ver estallar todas las bombas sobre la cabeza de Franco, ese era yo, pero no se puede confiar en el cielo, hay que disponer de buena información. Allí no había ninguna de las avionetas que dijiste sobrevolarían la Concha, pero encontramos seis cazas y

De izquierda a derecha: José Pérez Ibáñez
(El Valencia) y Antonio Ortiz Ramírez en Toulouse,
semanas antes del atentado.

un Dornier. Recuerda lo que te dije al salir, la información que me había dado el piloto francés de Saint-Jean-d'Angély...

Primitivo y "El Valencia" miraron a su amigo con sorpresa, y el segundo preguntó no sin razón:

— ¿Cómo no nos dijiste nada?...

— ¿Para qué? —respondió Ortiz— todos sabíamos lo que nos jugábamos.

Les sirvieron algo de comer y siguieron comentando el caso. Decidieron marchar los tres de la expedición a Tarbes, con la avioneta, y regresar a Saint-Jean-d'Angély. Cerrada se encargaría de poner el "material" a buen recaudo, *para otra ocasión.*

Se proyecta bombardear el Palacio de Ayete (San Sebastián)

A eso de las tres de la tarde salieron de Dax rumbo a Tarbes, donde llegaron sin novedad, y mientras Primitivo llenaba los papeles del plan de vuelo, les comunicaron que alguien los llamaba por teléfono. Era Cerrada. Les dijo que sin perder un instante volvieran a Dax con el aparato. Así lo hicieron y llegaron a la posada al atardecer.

Sentados de nuevo en su rincón, Cerrada pidió café y unas copas de coñac para todos, y les expuso la idea que había germinado en su cabeza:

— Considero que no podemos darnos por derrotados. Hemos trabajado mucho para conseguir lo que nos ha fallado hoy. ¿Y si lo intentáramos de nuevo mañana? ¿Qué os parece?

Los tres contestaron que estaban de acuerdo, y Cerrada les expuso su plan:

— Cargaremos la avioneta antes del amanecer para poder llegar a San Sebastián entre dos luces. Las bombas serán lanzadas a voleo sobre el Palacio de Ayete, donde cabe suponer que habrá dormido Franco.

La idea de Cerrada había calmado los nervios de sus compañeros, y siguieron hablando de otras cosas.

— ¿Cómo haremos el vuelo mañana? —preguntó Ortiz al piloto.

—Pegados al agua y cerca de la costa para que no nos detecte el radar.

Todos se echaron a reír, aunque nadie consideraba pan comido un vuelo nocturno rasante y sin instrumentos de navegación adecuados.

Llegó la hora de cenar y una de las sirvientas dedicó ese día múltiples atenciones a Ortiz. Después de comer y tomar café los dueños pusieron música. Ortiz bailó con la chica varios tangos y ella se mostraba cada vez más cariñosa, su cuerpo se pegaba al de su pareja.

Todos se fueron a dormir, menos Ortiz, quien, ante el mañana incierto, prefirió pasar las pocas horas de la noche en los brazos de la muchacha, que además de simpática era hermosa. A las cuatro de la mañana se levantaron.

A las diez de la noche había comenzado a llover torrencialmente, y seguía sin parar. Se dirigieron al campo con la camioneta y allí vieron con estupor que la pista se había convertido en laguna, y que las ruedas del aparato se habían hundido en el barro hasta el eje. Empujaron el *Norécrin* con la esperanza de encontrar un suelo más firme. Pensaron cargar sólo diez bombas para facilitar el despegue, pero todo el campo era un barrizal, el aguacero arreciaba cada vez más y allí esperando les dieron las diez de la mañana.

"El Valencia" y Antonio Ortiz se marcharon aquel mismo día a Saverdun, y al día siguiente ya trabajaban normalmente en su serrería; Cerrada volvió a sus asuntos y Primitivo se quedó en Dax hasta que pudo despegar con la avioneta y llevarla al campo de Guyancourt, cerca de Versalles, donde permaneció hasta que fue incautada por los franceses.[21]

El día 14 de septiembre el general Franco daba por terminada su estadía en San Sebastián y a las cuatro de la tarde llegaba al Real Club Náutico para embarcar en el crucero "Galicia". Fueron a despedirlo su esposa, el ministro de Marina, jefes de las casas Civil y Militar, ayudan-

21. La prensa francesa, concretamente *Le Figaro* del 13 de febrero de 1951, decía: "Los servicios de policía buscan un segundo avión que pertenece a la organización anarquista y que se sabe existe, pero que debe encontrarse en África del Norte."

tes de servicio y otras personalidades del séquito. En el Real Club Náutico esperaban al *Caudillo* el ministro de Asuntos Exteriores y señora de Martín Artajo. Después de la partida del "Galicia" la esposa de Franco regresó al Palacio de Ayete. El crucero en el que viajaba el jefe del Estado entró en el puerto de El Ferrol el día 16 de septiembre.

La expedición aérea, a pesar de una nota de protesta que envió Madrid a París por "violación del espacio aéreo", fue totalmente ignorada hasta el mes de febrero de 1951. El avión había sido conservado y el piloto había renovado su licencia de vuelo el año anterior.

Epílogo

Por Luis F. Robla se supo posteriormente que el locutor de la radio, antes de que la avioneta fuera perceptible desde San Sebastián, había hecho, poco más o menos, el comentario siguiente: "Nos dicen que se está acercando una avioneta desde el mar; si son amigos los invitaremos a tomar un vaso de vino, que tenemos refrescando aquí".

Es muy probable, pues, que el *Norécrin*, localizado por radar, hizo despegar a los cazas españoles y que, precisamente, si fueron *corteses* con el intruso, fue porque llevaba bien visibles su matrícula y la bandera pintada del país vecino. Cabe suponer que una avioneta "anónima" hubiera salido mal parada de la aventura. La falta de tiempo para enmascarar la identidad del aparato fue lo que muy probablemente salvo la vida a sus tripulantes.

Eliseo Bayo, en su libro ya citado, refiriéndose a las declaraciones que le hizo Laureano Cerrada, escribió una frase sibilina:

Años después, cuando (Cerrada) había sido expulsado de la Organización, se enteraría de algo sorprendente. Contra sus indicaciones y su vigilancia, un miembro de la tripulación, perfectamente identificado hoy, se ausentó durante unas horas de la casa. Cerrada, que dormía en el cuarto contiguo, no se enteró de esa salida. Aún tendría que hacer frente a una sorpresa mayúscula. Las palabras textuales de la consigna, "el pescador de agua dulce", solo eran conocidas por él y por el piloto. Sin embargo, cuando Cerrada fue de-

tenido en 1957 escuchó esta frase del inspector Benamour[22]: *"Debes mirar con quien te juegas los cuartos. Los pescadores de agua dulce siempre salen ganando"*.

El tripulante *perfectamente identificado* era, pues, el piloto, pero la relación que se hace entre las dos cosas parece muy aventurada, ya que cuando la avioneta fue descubierta en 1951 Primitivo fue largamente interrogado. La *sabiduría* de Benamour podía proceder de tres años después del atentado frustrado.

Interrogado Antonio Ortiz sobre el párrafo citado, nos contestó lo siguiente:

Lo del texto de Bayo es pura fantasía. La manía de siempre de buscar un chivato para cargarle el muerto. En aquella época, Franco vivía todavía en guerra, y ya se conocía el radar... sin hablar del infantilismo de la información suministrada para preparar la acción.

Por otra parte, José Pérez nos comentó:

Cerrada simplifica mucho al hablar de una tripulación de tres hombres. Efectivamente, en la avioneta íbamos tres, pero el piloto ya había sido presentado a Cerrada por Pedro Mateu. Luego hay que contabilizar a todos los compañeros que participaron en la compra del avión, y todos los que nos visitaron en Saint-Jean-d'Angély; en la camioneta del material iban tres o cuatro compañeros que nos seguían por todas partes; el compañero de Mont de Marsan que guardaba las bombas en su casa; el mecánico que arregló la avioneta; momentos antes de cargar las bombas en el aparato nos reunimos en un café ocho o diez compañeros; los que en España también estaban al corriente del atentado, y todos los que olvido. De todas formas considero que lo del chivatazo es pura fantasía...

22. Comisario Benamour, de la brigada especial contra las falsificaciones.

De lo que no cabe la menor duda es que, en caso de chivatazo, la avioneta no hubiera regresado a Francia, pues los cazas, al fin y al cabo, podían haberla derribado en el mar con toda facilidad, y si algo quedó bien claro es que no tuvieron tal propósito.

De todas formas, la suposición de que un chivatazo hubiese podido ser la causa del fracaso del atentado queda totalmente descartada con los documentos españoles de la época. Con fecha 28 de marzo de 1949 el Jefe superior de Policía de Barcelona envió el comunicado que reproducimos a continuación —con la anotación "PERSONAL Y RESERVADO"— al general Jefe del Estado Mayor Central del Aire de Madrid:

Mi respetado General y querido amigo:
Aunque con la reserva que deben acogerse las informaciones y más en estos días de nerviosismo por la proximidad del desfile del día Primero, me permito remitirte Nota informativa referente a un supuesto atentado aéreo por si por los servicios del Aire se pudiera adoptar alguna precaución.
Como ampliación a dicha Nota he de decirte que, en efecto, el vuelo de aquella avioneta se hizo, pero no se confirmó el propósito de atentado y más verosímil es pensar en un ensayo, que después no se llevó a la práctica, de los separatistas vascos en exilio para lanzar desde el aire propaganda del llamado "gobierno" Aguirre. Pero, en fin, salvo tu opinión, acaso no estuviesen de más que los servicios de Observación del Aire estuvieran al acecho durante la mañana de ese día.
Con este motivo se reitera tuyo affmo. amigo s. s. y subordinado.

A continuación transcribimos la "NOTA INFORMATIVA" mencionada en la carta del Jefe Superior de Policía de Barcelona:

Con motivo de las investigaciones que se vienen practicando en ésta para la desarticulación y captura de la banda de malhechores de la F.A.I. llegados de Francia, y por las manifestaciones de uno de los detenidos, que igualmente procede del vecino país francés en el que se hallaba muy introducido en los Comités dirigentes de Organizaciones libertarias en el exilio, se ha sabido que uno de los más destacados de éstos (pues es miembro del Comité Nacional de Relaciones de la F.A.I.), un tal CERRADAS o CERRADA, sujeto que durante la última contienda europea se dedicó al "estraperlo" en gran escala, suponiéndosele ha hecho una gran fortuna, calculada en más de DOSCIENTOS MILLONES DE FRANCOS, cuyo dinero emplea mayormente, para financiar actividades del Movimiento Libertario Español y tanto en el interior de España como en el exterior.

En los medios libertarios españoles del exilio corrió la noticia el verano último, con motivo de la estancia del Caudillo en San Sebastián, y con ocasión de presidir éste unas regatas en dicha localidad, el citado CERRADA equipó una avioneta comercial y pagó al piloto, adaptando a ella un dispositivo para lanzar bombas, gastándose para ello unos doce millones de francos. Con dicha avioneta se trataba de perpetrar un atentado contra el Jefe del Estado. Según las mismas referencias el avión parece partió de un campo civil francés, y aterrizó en otro de la misma nacionalidad para cargar los proyectiles, siguiendo después viaje a San Sebastián, evolucionando sobre la ciudad, pero sin poder cumplir su objetivo por no poder localizar exactamente la tribuna o embarcación en que se hallaba el Caudillo, regresando entonces a territorio francés y dejando caer las bombas en aguas jurisdiccionales de dicho país.

La presencia de la avioneta citada parece fue observada por las Autoridades españolas y que incluso se hizo la correspondiente reclamación por el Sr. Ministro de Asuntos Exteriores de España a su colega francés, y que éste contestó (al decir del informador que nos ocupa) que había sido una equivocación de un piloto; si bien —añade el informador— el Ministro francés y mucha gente de Francia conocía las

De izquierda a derecha: José Pérez Ibáñez ("El Valencia"), Jacinto Santaflorentina, José Pujol Grúa y Antonio Ortiz Ramírez, en Toulouse. 1949

circunstancias y verdaderas causas del hecho.
Se considera posible que el tan repetido CERRADA
intente nuevamente preparar otro atentado al Ge-
neralísimo en análoga forma al apuntado, por lo
que ante la proximidad de los actos a celebrar en la
Capital de España el primero de abril próximo, se
pone en conocimiento de la Superioridad.
Barcelona, 26 de marzo de 1949.

De la lectura de estos documentos españoles, los úni-
cos que hemos podido consultar, se deduce bien claramente que las autoridades españolas sólo tuvieron confir-
mación del intento de atentado en el mes de marzo de
1949, con lo cual queda definitivamente descartado que
un chivatazo se hubiese producido en la época en que fue
ejecutado, o sea en el mes de septiembre de 1948.

49

Laureano Cerrada Santos

Georges Fontenis, en su libro ya citado *L'Autre communisme* dice:

> Era una persona extraordinaria, un organizador de primera y un incomparable falsificador: la fabricación de moneda y de documentos falsos no tenía secretos para él. Había llegado a reunir para el Movimiento Libertario una fortuna colosal. El Norécrin del atentado no debía ser el único avión que tenía, vehículos muchos, y también una lancha motora rápida para el tráfico de armas en el Mediterráneo. Todo ello suponía una infraestructura de hoteles y garajes, y un personal de combatientes decididos y experimentados. A su manera, Cerrada proseguía la guerra civil, y el movimiento clandestino disponía de ayuda financiera. Mejor todavía, Cerrada —me lo confirmó personalmente— había comprado el silencio, cuando no la complicidad, de policías de rango bastante elevado.
>
> Pero todo tiene su reverso: militantes de la C.N.T. comenzaron a sospechar de él, y su tráfico de moneda falsa lo perdió, pero en cuanto salió de la cárcel prosiguió en sus actividades. En efecto, varios años mas tarde, se reanudó nuestra colaboración, y fue uno de nuestros militantes, Santini (Nino Santi), quien fue voluntario para pasar en España las pesetas falsas con las que Cerrada pretendía desestabilizar la economía franquista. Santini pasó largo tiempo en las cárceles españolas, a pesar de las pocas pruebas que tenían contra él.

La astucia de Cerrada consistía en fabricar moneda falsa, papeles y diplomas falsos, de otros países que no fueran Francia (que el Código penal castiga con menos severidad). En el Movimiento Libertario español Cerrada fue muy discutido, incluso fue expulsado de la Organización. En lo que me concierne, fue en todo momento de una gran corrección, y nuestras relaciones fueron siempre cordiales. Por otra parte, cuando varios años después recibí una oferta de compra para la avioneta, Cerrada y también los comités responsables del Movimiento Libertario Español estuvieron de acuerdo para que efectuara la venta y que el importe sirviera para financiar Le Libertaire, que tenía entonces dificultades económicas.

Los ataques orgánicos contra Laureano Cerrada y otros compañeros -derivados siempre de la incompatibilidad evidente entre una *acción clandestina* obligada y un *funcionamiento legal* simultáneo, problema que jamás quiso, o supo, resolver el exilio, se incrementaron hasta llegar a su expulsión, en enero de 1950, del Movimiento Libertario, cuando la suerte ya había comenzado a abandonarlo. El 10 de mayo de 1949, en una imprenta instalada en un garaje en el nº 4 del *passage* Goix, en el distrito XVIII de París, la policía detuvo a seis anarquistas cuando estaban dedicados a tareas de falsificación[23]. Allí se incautaron de un verdadero arsenal, desde revólveres hasta minas anticarros. La imprenta era una de las "empresas" de Cerrada, pero no se pudo probar y no fue inculpado.

23. Véase en los "Apéndices": "Algunos recortes de prensa relativos a las empresas de Cerrada".

24. Los Comités Interdepartamentales o Regionales pasaron a denominarse Comisiones de relaciones a partir de la II Conferencia Intercontinental del M.L.E. en el exilio, celebrada en Toulouse a partir del 6 de febrero de 1949.

Con relación a estas detenciones, la Comisión de relaciones[24] de la C.N.T. de la región parisiense cursó una circular a la militancia, con fecha 10 de septiembre de 1949, en la cual se decía:

Hace algún tiempo, fueron detenidos unos compañeros, por lo cual se corrió el peligro de encontrarse la Organización comprometida en el asunto, motivo de esta detención. Por parte de todos los comités se hicieron trámites para evitarlo, pues de haber ocurrido hubiera sido nefasto para la misma.

Pues bien, tras nuestros esfuerzos para evitar lo que os exponemos, vimos que el compañero José Villanueva continuaba haciendo gestiones en pro de los compañeros (cosa que no criticamos y que encontramos saludable), pero, sentimentalismo aparte, consideramos que, en tanto que miembro del Comité, no podía ocuparse de algo en que teníamos interés, por el bien de la Organización, de descartar de todas nuestras actividades orgánicas. Esto es el motivo que nos indujo a pedir su dimisión, y que el mismo aceptó, quizá comprendiendo la razón justa de esta petición.

Cuando se descubrió la avioneta en el aeródromo civil de Guyancourt, Cerrada se encontraba en la cárcel de Evreux (Normandía) a raíz de haberse descubierto el mes anterior, en Gaillon (Eure), una imprenta clandestina donde se falsificaban marcos.

En 1957 volvió a ser detenido cuando llevaba diez millones de pesetas falsas. El 27 de mayo de 1970, cuando Cerrada ya tenía 67 años, era de nuevo aprehendido en el nº 10 de la calle Emile Landrin, en Boulogne Billancourt, suburbio de París[25]. La policía descubrió una imprenta donde se fabricaban carnés de identidad franceses y permisos de conducir. Salió en libertad en el mes de agosto de 1974.

El periodista Eliseo Bayo consiguió convencerlo, en 1976, de que publicara sus memorias, pero, semanas después, una noche, el hombre que decía que "la victoria más aplastante de Franco fue morir en la cama", que para el dictador español "su victoria del 20 de noviembre de 1975 fue más destacada que la del primero de abril de 1939", era asesinado en una calle de París.

Sobre la opinión de Cerrada en lo referente a los atentados personales, Bayo registró estas palabras:

El análisis es elemental. Los atentados personales son eficaces en la medida en que la víctima acapara poderes. Matar a un rey constitucional, por un com-

25. El periodista Antonio Sergio Berrocal, a raíz de esta detención, publicó un largo artículo ilustrado sobre Cerrada en el nº 717 de *Gaceta Ilustrada* (5 de julio de 1970).

plot y no por una revolución, no cambia la cosa salvo para su heredero. Pero si alguien hubiera eliminado, por ejemplo, a Adolfo Hitler en 1939, ¿quién puede afirmar que su muerte no habría sido beneficiosa para Europa? Nosotros, cuando intentamos liquidar a Franco en 1948, estábamos convencidos de que habríamos modificado por completo la Historia de España. En aquella época Franco todavía no había conseguido legitimar su sistema.

La venta de la avioneta

Unas últimas palabras sobre *el avión de los anarquistas españoles*, embargado desde el 10 de febrero de 1951 y aparcado en el aeródromo de Guyancourt.

El 22 de febrero de 1955, su propietario oficial, Georges Fontenis, firmaba una promesa de venta del aparato con Yves CAUDRON, domiciliado en el *Boulevard de Stalingrad*, nº 39, en VANVES (Sena). En el documento se estipulaba un precio de 300.000 francos y el compromiso del comprador de abonar todos los gastos de garaje que pudiera reclamar la Administración de la Aviación Civil. También se comprometía a gestionar por su cuenta el levantamiento o la anulación de la orden de embargo de la Fiscalía de Lyon.

Al firmarse la promesa de venta Yves CAUDRON pagó un anticipo de 50.000 francos.

El 19 de marzo de 1955, el juez de instrucción de Lyon, J. Le Gueut, dictaminaba, en una providencia, la restitución del *Norécrin* a G. Fontenis.

El 31 de marzo de 1955, el adquiriente abonaba el segundo anticipo (100.000 francos), el 2 de mayo el tercero (50.000), el 9 de septiembre el cuarto (50.000), y el 2 de noviembre de 1955 el quinto y último (50.000 francos).

En la nota nº 5 de la página 8 hemos mencionado una entrevista del periodista Eliseo Bayo con Antonio Ortiz, en Venezuela. Las declaraciones de Ortiz no las mencionamos porque no aportaban nada nuevo a lo que hemos explicado, pero Georges Fontenis, en el libro ya citado varias veces, ha considerado oportuno hacer algunas aclaraciones que incluimos a continuación:

Antonio Ortiz, miembro de la tripulación, en la entrevista con Bayo se inventó una novelita, contó cualquier cosa al periodista Eliseo Bayo. El 15 de enero de 1980 envié un derecho de respuesta a la revista Interviú, *que no fue tenida en cuenta, cosa bastante fea. Pero, mientras tanto, yo me había convertido en un enemigo para los ortodoxos de la anarquía. Sin embargo, Eliseo Bayo hubiese podido sospechar que la memoria de Ortiz, ya envejecido, presentaba algunos fallos; por ejemplo: me describe como "un viejo anarquista francés (entonces tenía yo 28 años) que utilizó el importe de la venta de la avioneta para hacer... ¡carrera parlamentaria!"*

Hablemos de cifras: el avión de turismo, viejo y mal conservado, fue cedido, después de que el comprador consiguiera la anulación de la orden de embargo, por el precio de 300.000 francos, lo que representa en moneda de 1990, unos 18.000 francos (unas 325.000 pesetas), cantidad que apenas alcanzaba para ayudar a la salida de algunos números del semanario Le Libertaire.

Debo declarar, que a pesar de las declaraciones de Antonio Ortiz a Interviú, *yo no traicioné en lo más mínimo a Cerrada al quedarme con el dinero de la avioneta, por la buena razón que el aparato ya no pertenecía a Cerrada, expulsado del Movimiento Libertario español en aquel entonces. Es, pues, a los responsables del M.L.E.-C.N.T. en Francia a quienes propuse utilizar el importe de la venta para ayudar a nuestro semanario.*

Agregaremos aquí unas frases del propio Fontenis sobre su propia detención en el caso del *Norécrin*:

Bruscamente, a primeros de febrero de 1551, la policía se presentó en el aeródromo de Guyancourt y embargó el aparato en virtud de una comisión rogatoria de la fiscalía de Lyon, dictada a raíz de un atraco fustrado contra una furgoneta postal en aquella ciudad por bandidos que la policía se obstinaba en considerar anarquistas españoles.

El 12 de febrero fui detenido por la D.S.T. (Direction de la Surveillance du Territoire) en la escuela de la calle Fessart, nº 4, en París, donde trabajaba de maestro. Declaré claramente que estaba informado del atentado en preparación, pero era bien evidente que nada tenía que ver con el intento de atraco en Lyon y me dejaron en libertad.

En Le Libertaire nº 255, del 9 de febrero de 1951, se menciona el intento de atraco en la calle Duguesclin de Lyon, y en el nº 256, del 16 de febrero, se anuncia mi detención, con mi verdadero nombre, FONTENIS —hasta entonces yo militaba con el nombre de FONTAINE— puesto que así lo había hecho ya toda la prensa.

Y con estas declaraciones del comprador del *Norécrin*, con el cual se quiso atentar contra la vida del general Franco terminamos la historia de la avioneta F-BEQB nº 139 y de los hombres que estuvieron involucrados en una acción descabellada, pero realizable.

Documentos relativos a la venta de la avioneta

El abajo firmante, Georges FONTENIS, domiciliado en la calle Faissart, nº 7, en París, certifica haber vendido la aeronave a continuación designada a:

Sr. D. Yves CAUDRON
39, Avenue de Stalingrad
VANVES (Seine)

— Marcas de nacionalidad y de matricula: F-BEQB

— Tipo y descripción: AVION NORD 1203

— Nombre y dirección del constructor: Ste. Nationale de Constructions Aeronautiques du Nord - 20, rue Vernier PARIS (17eme)

— Número de serie del constructor: 139

— Ex puerto de matrícula de la aeronave: Toussus Le Noble

— Nuevo puerto de matrícula de la aeronave: Guyancourt

— Fecha de inscripción: 21 ABRIL 1948

— Cambio de propiedad inscrito el 24 de agosto de 1948

— Certificado de matriculación Nº B. 139

Autorizo al Señor Yves CAUDRON para que pueda efectuar una demanda de cambio de matriculación a su nombre.

Redactado y firmado en Puteaux el 15 de junio de 1955

G. FONTENIS

Apéndice 1

10 de mayo de 1949
Descubrimiento
de una imprenta clandestina
de Laureano Cerrada
y de un arsenal

Algunos recortes de prensa relativos a las "Empresas de Cerrada"

En la "Goutte-d'Or"
La policía descubre una reserva de explosivos.
¡Con la que se podía volar todo el barrio!
Seis anarquistas españoles se encuentran entre rejas.

Desde hacia algunas semanas, los inspectores de la comisaría de la Goutte-d'Or, en el distrito 18, habían advertido frecuentes idas y venidas en las dependencias de un hotel, frecuentado en gran parte por árabes, el "Hòtel des Vosges", 4 passage Goix. Individuos cargados con pesados paquetes penetraban en él de noche y salían con las manos vacías. Vecinos, interrogados, señalaron que varios habitantes del hotel efectuaban por la noche trabajos de imprenta.

Al principio no se pensó que podía tratarse de una empresa delictiva. La policía sabía, en efecto, que una imprenta muy modesta había sido instalada cerca del Hòtel des Vosges, propiedad de un grupito de anarquistas españoles que editaban folletos de propaganda y almanaques con el nombre de "Solidaridad Obrera". Sin embargo, como que las visitas se multiplicaban, una operación de policía, dirigida por el comisario Clot, fue decidida, y ayer a mediodía, mientras que agentes cortaban los alrededores, los inspectores principales Castex y Nérot, los inspectores Boyault, Berthon e Immoun, penetraban en el edificio, un garaje. Fueron recibidos por dos individuos pistola en mano; se inició un breve diálogo:

— ¡Policía! ¡Arrojen las armas!

— ¿Qué nos prueba que son policías franceses?

La verificación fue fácil e inmediatamente los dos individuos entregaron las armas a los policías, diciendo:

— Vamos, no hacemos resistencia...

Y los interpelados tendieron las manos para ser esposados.

Al mismo tiempo penetraban numerosos inspectores y detenían a otros tres españoles que trabajaban en una rotativa y en una plana.

Los policías no habían terminado con las sorpresas. El "trabajo" al que se dedicaban los cinco hombres no era ni más ni menos que la impresión de billetes falsos de lotería: se encontró una reserva de más de 40.000. Mejor todavía, en un cobertizo contiguo los policías descubrían un almacén de explosivos suficiente para volar todo el barrio —30 cargas de cordón Bickford, 100 detonadores, 20 kilos de plastic, 4 minas, 50 granadas, una ametralladora pesada, 25 metralletas, 4 fusiles ametralladores, 4 fusiles de guerra, 30 revólveres, varios miles de cartuchos.

Los propietarios de esta asombrosa armería-imprenta se dieron a conocer: Diego Fornis Peralta, 37 años, 11, rue Euryale-Dehaynin; José Ballus, 34 años, que habitaba en el hotel; Eduardo Rey, 38 años, 13, rue Parmentier; Badenas Calpe, 30 años, 4, passage Goix; y Pedro Abella Rebull, 34 años, la misma dirección.

Todos somos anarquistas, declararon en sustancia, y nuestro objetivo es luchar a la vez contra Franco, los comunistas y los capitalistas. Hemos constituido este depósito de armas para enviarlo a nuestros compañeros que están en España.

Los señores Vassart, fiscal de la República; Bonnefoy, jefe del servicio central de la Fiscalía; Jadin, juez de instrucción, llegaron mientras tanto; los redutables presos fueron transferidos bajo una buena escolta a la policía judicial, donde se reunieron con el gerente del hotel, una rumana, la mujer Borsici, de la cual parece evidente que estaba al corriente de toda la actuación de la banda, y de un quinto español llamado Vicente Gallego, de 30 años, que los policías encontraron instalado en la habitación de Pedro Abella.

Une imprimerie clandestine et un dépôt d'armes sont découverts dans le 19ᵉ arrondissement

SIX ARRESTATIONS

Les six Espagnols faussaires arrêtés hier après-midi dans un garage du dix-neuvième arrondissement ont été longuement interrogés quai des Orfèvres. Bien qu'ils se présentent comme des anarchistes luttant pour la libération de leur pays, il semble de plus en plus qu'on se trouve en présence de simples malfaiteurs.

C'est à la suite de diverses surveillances que les inspecteurs de la police judiciaire ont découvert leur repaire, 4, passage Goix. Les six Espagnols y furent trouvés occupés à fabriquer de faux billets de la loterie nationale, dans une véritable imprimerie clandestine comprenant plusieurs machines dont une rotative. A l'arrivée des policiers deux des faussaires tentèrent de sortir des revolvers, mais ils purent être désarmés à temps. Poursuivant la perquisition les enquêteurs devaient trouver dans une remise attenante à l'imprimerie un important dépôt d'armes : 25 mitraillettes, 4 fusils mitrailleurs, une mitrailleuse lourde, 4 fusils de guerre, 30 revolvers, 100 détonateurs, 50 grenades, 4 petites mines ainsi qu'un stock de cartouches et des charges d'explosifs.

Les individus arrêtés, Diego Fornis-Peralta, trente-sept ans, José Ballus, trente-quatre ans, Eduardo Rey, trente-huit ans, Calpe Badenas, trente ans, Pedro Abella Rebull, trente-quatre ans, et un sixième suspect, survenu pendant la perquisition et dont on n'a pas encore établi l'identité, ont déclaré que les armes et le matériel étaient destinés au maquis espagnol. Quant aux faux billets de la loterie nationale, ils ne devaient pas être mis en circulation. A croire les faussaires, il s'agirait d'un exercice d'entraînement avant de commencer l'impression en série de fausses pesetas, toujours réservées aux maquis d'Espagne. Mais les policiers ont également saisi passage Goix des planches ayant servi à la fabrication de faux tickets de pain dont l'utilité, pour la résistance espagnole, risque d'être difficile à établir.

La imprenta era una de las "empresas" de Cerrada

A LA GOUTTE - D'OR

La police découvre un stock d'explosifs

Il y avait de quoi faire sauter tout le quartier !

Six anarchistes espagnols sont sous les verrous

Depuis quelques semaines, l'attention des inspecteurs du commissariat de la Goutte-d'Or, dans le XVIIIe, était attirée par de fréquentes allées et venues autour des dépendances d'un hôtel, fréquenté en grande partie par des Arabes, l'hôtel des Vosges, 4, passage Goix. Des individus porteurs de lourds paquets y entraient la nuit et en ressortaient les mains vides. Des

Le dépôt d'armes du passage Goix

♦ Suite de la première page

On ne pensait pas, au début, se trouver en présence d'une entreprise délictueuse. La police savait, en effet, qu'une imprimerie fort modeste avait été installée près de l'hôtel des Vosges ; elle était la propriété d'un petit groupe d'anarchistes espagnols qui y éditaient des brochures de propagande et des almanachs sous le label de la « Solidaridad Obrera ». Toutefois, comme les visites se multipliaient une opération de police, dirigée par le commissaire Clot, fut décidée et, hier, à midi, tandis que des agents barraient les alentours, les inspecteurs principaux Castex et Nérot,

les inspecteurs Boyault, Berthon et Immoun, pénétraient dans le bâtiment, un garage. Ils y furent accueillis par deux individus revolver au poing ; un bref dialogue s'engagea :

— Police ! Lâchez vos armes !
— Qui nous prouve que vous êtes de la police française ?

La vérification fut facile et, immédiatement, les deux individus remirent leurs armes aux policiers en déclarant :

— Alors, nous ne résistons pas...

Et les interpellés tendirent les mains aux menottes.

En même temps, les inspecteurs pénétraient nombreux et arrêtaient trois autres Espagnols qui s'affairaient autour d'une rotative et d'une tireuse à plat.

Les policiers n'étaient pas au bout de leur surprise ! Le « travail » auquel se livraient les cinq hommes n'était autre que l'impression de faux dixièmes de la Loterie nationale : on devait en trouver un stock de plus de 40.000 ! Bien plus, dans un appentis contigu, les policiers découvraient non seulement un stock d'explosifs suffisant pour faire sauter tout le quartier — 30 charges avec cordon Bickford, 100 détonateurs, 20 kilos de plastic, 4 mines, 50 grenades — mais encore 1 mitrailleuse lourde, 25 mitraillettes, 4 fusils-mitrailleurs, 4 fusils de guerre, 30 revolvers, plusieurs milliers de cartouches enfin !

Les propriétaires de cette ahurissante armurerie-imprimerie déclinèrent leur identité : Diego Fornis-Peralta, 37 ans, 11, rue Euryale-Dehaynin ; José Ballus, 34 ans, habitant l'hôtel ; Eduardo Rey, 38 ans, 13, rue Parmentier ; Badenas Calpe, 30 ans, 4, passage Goix, et Pedro Abella-Rebull, 34 ans, même adresse.

— Nous sommes tous anarchistes, déclarèrent-ils en substance, et notre but est de lutter à la fois contre Franco, les communistes et les capitalistes. Nous avons constitué ce dépôt d'armes dans l'intention de le faire parvenir à nos camarades restés en Espagne.

MM. Vassart, procureur de la République ; Bonnefoy, chef du service central du parquet ; Jadin, juge d'instruction, arrivèrent sur ces entrefaites ; les redoutables prisonniers furent transférés sous bonne escorte à la police judiciaire où ils devaient être rejoints par la gérante de l'hôtel, une Roumaine, la femme Borsici, dont il semble évident qu'elle n'ignorait rien des agissements de la bande, et par un cinquième Espagnol nommé Vicente Gallego, 30 ans, que les policiers trouvèrent installé dans la chambre de Pedro Abella.

Un aspect de l'arsenal, et, en médaillon, les dépositaires des armes qui ont été arrêtés (Photo P. L.)

voisins, interrogés, signalèrent que plusieurs des habitants de l'hôtel, des Espagnols, se livraient, la nuit, à des travaux d'imprimerie.

Suite page 6 col. I.

La imprenta era una de las "empresas" de Cerrada

Apéndice 2

Febrero de 1951
Descubrimiento de la avioneta

France-soir

LE PLUS FORT TIRAGE ET LA PLUS FORTE VENTE DE TOUS LES JOURNAUX FRANÇAIS

NNEE - N° 2035 - Gul. 80-60, Cen. 20-00
rue Réaumur, PARIS (B. P. 25-02)

Mardi 13 Février 1951 — Prix : 10 fr.

Espagne : 2 pesetas ; Corse
et Afrique du Nord : 11 fr.

Un avion clandestin
des anarchistes espagnols saisi à Guyancourt

IL SERVAIT AU TRANSPORT DE FONDS ET DE MILITANTS QUI AVAIENT VOULU BOMBARDER LA MAISON DE FRANCO A SAINT-SÉBASTIEN

UN avion Norecrin immatriculé FBEQB, que des membres de la Fédération anarchiste ibérique utilisaient pour des voyages clandestins en Espagne, a été saisi sur le terrain d'aviation de Guyancourt, près de Versailles, samedi après-midi, par des inspecteurs de la Sûreté agissant en vertu d'une commission rogatoire délivrée par le parquet de Lyon.

L'appareil, qui a été placé sous scellés, aurait servi notamment à des transports de militants et de fonds destinés à soutenir les anarchistes.

Cette opération policière aura des suites qui permettront de mesurer l'importance de l'activité des anarchistes espagnols en France. C'est au cours d'un des interrogatoires des 20 anarchistes arrêtés après l'attaque du bureau de poste de Lyon que les enquêteurs apprirent que la Fédération anarchiste ibérique avait à sa disposition un avion Norécrin, qu'elle avait fait acheter par un ancien militant, l'Espagnol Cerrada.

Prise en chasse

La police apprit également qu'une des expéditions aériennes au-dessus du territoire espagnol, en 1948, s'était terminée par la prise en chasse de l'avion par l'aviation espagnole, et que des notes avaient alors été échangées entre Madrid et le quai d'Orsay.

C'est grâce à ces notes, retrouvées aux archives du quai d'Orsay, que l'identification de l'appareil fut possible.

Ce « Norécrin », dont on ne sait exactement les missions qu'il a exécutées, aurait, selon une déclaration recueillie par la police, servi à une tentative d'attaque contre la propriété du Caudillo à San Sébastien, sur laquelle les anarchistes avaient projeté de jeter une bombe. Le projet fut abandonné.

Quant à Cerrada, il a été arrêté il y a trois semaines dans l'Eure, aux Andelys, en flagrant délit de fabrication de faux marks, et se trouve actuellement détenu à la prison d'Evreux.

Un deuxième appareil

L'enquête a établi que l'avion n'avait pas quitter son hangar depuis septembre 1948. Il avait été acheté d'occasion deux ans avant et payé par M. Fontenis, représentant de Cerrada.

A Guyancourt, les feuilles de contrôle révèlent que le Norécrin n'a fait que trois voyages de 1946 à septembre 1948. Mais la police de l'air, d'autre part, révèle dans ses rapports les passages du FBEQB sur d'autres aérodromes de France. Cela laisserait supposer qu'un autre Norécrin, portant la même immatriculation, est garé quelque part en France.

France-soir

LE PLUS FORT TIRAGE ET LA PLUS FORTE VENTE DE TOUS LES JOURNAUX FRANÇAIS

VÉE - N°.2035 - Gvt. 80-60, Cen. 20-00
in Réaumur, PARIS   (B. P. 25-02).
Mardi 13 Février 1951 — Prix : 10 fr.
Espagne : 2 pesetas ; Corse
et Afrique du Nord ·.11..fr

Un avion clandestin des anarchistes espagnols est saisi à Guyancourt

IL SERVAIT AU TRANSPORT DE FONDS ET DE MILITANTS QUI AVAIENT VOULU BOMBARDER LA MAISON DE FRANCO A SAINT-SÉBASTIEN

UN avion Norecrin, immatriculé FBEQB, que des membres de la Fédération anarchiste ibérique utilisaient pour des voyages clandestins en Espagne, a été saisi sur le terrain d'aviation de Guyancourt, près de Versailles, samedi après-midi, par des inspecteurs de la Sûreté agissant en vertu d'une commission rogatoire délivrée par le parquet de Lyon.

L'appareil, qui a été placé sous scellés, aurait servi notamment à des transports de militants et de fonds destinés à soutenir les anarchistes.

Cette opération policière aura des suites qui permettront de mesurer l'importance de l'activité des anarchistes espagnols en France. C'est au cours d'un des interrogatoires des 29 anarchistes arrêtés après l'attaque du bureau de poste de Lyon que les enquêteurs apprirent que la Fédération anarchiste ibérique avait à sa

SUITE PAGE 3

AVION

SUITE DE LA PAGE 1

disposition un avion Norécrin qu'elle avait fait acheter par un ancien militant, l'Espagnol Cerrada.

Prise en chasse

La police apprit également qu'une des expédition aériennes au-dessus du territoire espagnol, en 1948, s'était terminée par la prise en chasse de l'avion par l'aviation espagnole, et que des notes avaient alors été échangées entre Madrid et le quai d'Orsay.

Ce « Norécrin », dont on ne sait exactement les missions qu'il a exécutées, aurait, selon une déclaration recueillie par la police, servi à une tentative d'attaque contre la propriété du Caudillo à San Sébastien, sur laquelle les anarchistes avaient projeté de jeter une bombe. Le projet fut abandonné.

Quant à Cerrada, il a été arrêté il y a trois semaines dans l'Eure, aux Andelys, en flagrant délit de fabrication de faux « marks », et se trouve actuellement détenu à la prison d'Evreux.

Un deuxième appareil

L'enquête a établi que l'avion n'avait pas quitter son hangar depuis septembre 1948. Il avait été acheté d'occasion deux ans avant et payé par M. Fontenis, représentant de Cerrada.

A Guyancourt, les feuilles de contrôle révèlent que le Norécrin n'a fait que trois voyages de 1946 à septembre 1948. Mais la police d'une part, dans l'air, d'autre part, révèle dans ses rapp... des passages du FBEQB sur d'autres aérodromes de France. Cela laisserait supposer qu'un autre Norécrin, portant la même immatriculation, est garé quelque part en France.

Cet avion mystérieux aurait atterri en particulier à Angoulême, Saint-Jean - d'Angély, à Biarritz. Alors, il avait été remarqué qu'une camionnette s'approchait de l'avion pour embarquer des paquets. La police parvint à identifier le chauffeur de la camionnette, il s'agissait d'un anarchiste espagnol. Quand les enquêteurs se présentèrent à son domicile pour l'interroger, ils trouvèrent le conducteur mort asphyxié compagnie de sa maîtresse.

Deux ans après les mystérieux atterrissages dans le Centre

Un avion clandestin des anarchistes espagnols est saisi à Guyancourt

LE PRETE-NOM, M. FONTENIS, NOUS DECLARE :

« Nous voulions préparer un attentat contre le général Franco »

Samedi dernier, au cours de l'après-midi, des fonctionnaires de la sûreté nationale se rendaient à l'aérodrome de Guyancourt, et procédaient à la saisie d'un appareil Norécrin, matriculé F'BEQB. Les policiers parisiens effectuaient cette opération à la demande de leurs collègues de Lyon chargés de l'enquête sur le hold up effectuée dans cette ville. On se rappelle que cette opération, qui avait permis à ses auteurs de voler plusieurs millions de francs, coûta la vie à trois personnes.

Au cours de leurs investigations, les policiers lyonnais avaient eu connaissance d'un avion qui avait été utilisé pour les besoins des anarchistes espagnols en relations politiques avec les bandits.

Cet appareil n'avait pas pris l'air depuis septembre 1948. Il appartenait à un certain Fontenis, instituteur à l'école de garçons de la rue Fessart, à Paris.

La police de l'air s'était, jadis, intéressée à cet appareil. Elle avait constaté qu'il effectuait des voyages en direction de l'Espagne et, au retour, atterrissait soit à Angoulême, soit à Saint-Jean-d'Angély, soit dans la banlieue parisienne. Lorsque l'atterrissage s'effectuait dans la région parisienne, une camionnette venait à sa rencontre et un transbordement avait lieu entre l'avion et l'automobile. Intriguée par ces transbordements, la police de l'air prit la camionnette en filature et aboutit ainsi à un garage géré par un anarchiste espagnol. Peu après, le chauf-

feur était identifié : il habitait avec sa maîtresse dans un hôtel également géré par un anarchiste.

Lorsque la police survint pour l'interroger sur le trafic auquel il se livrait, le chauffeur venait de se suicider : sa maîtresse était également morte asphyxiée.

Après la saisie du Norécrin, le propriétaire, M. Fontenis, fut entendu par la sûreté. Il reconnut qu'il avait servi de prête-nom pour l'achat de l'appareil. En qualité de secrétaire général de la Fédération anarchiste française il avait agi par solidarité avec la Fédération anarchiste espagnole. Les fonds, soit 600.000 francs, lui avaient été remis par un membre de cette association espagnole, Cerata. Celui-ci, depuis, a été arrêté : avec plusieurs compatriotes, il fabriquait de la fausse monnaie à Gaillon. Le pilote de cet appareil était un autre Espagnol, Perez, affilié au gang lyonnais.

M. Fontenis n'ignorait pas que cet appareil se livrait à des opérations clandestines sur la nature desquelles il n'a pas donné de précisions, mais qui ne sont plus inconnues depuis longtemps.

Une déclaration exclusive de M. Fontenis au Parisien

M. Fontenis, secrétaire du Mouvement libertaire français, que nous avons pu joindre chez lui hier soir, à son retour des locaux de la rue des Saussaies, nous a fait les déclarations suivantes dont nous lui laissons l'entière responsabilité :

« — Je suis étonné de la façon dont une certaine presse a « rendu compte » de mes relations avec le mouvement libertaire espagnol. Pendant l'été 1948, j'ai prêté mon nom pour l'achat d'un avion destiné à servir à des membres de la résistance espagnole libertaire, pour préparer un attentat contre le général Franco, en territoire espagnol.

» C'est à cette occasion que j'ai eu des contacts avec un certain Cerrada. Lorsque ce dernier, que j'ai rencontré deux ou trois fois, a été non seulement exclu mais expulsé du mouvement espagnol, j'ai considéré que j'étais redevable de l'appareil à l'organisation elle-même.

» J'ai été très surpris de voir la police s'efforcer de lier cette affaire strictement politique au hold-up de Lyon, que nous condamnons tous et qui n'a absolument aucun rapport avec le mouvement anarchiste international.

» Bien que je connaisse un grand nombre de résistants espagnols, qui sont tous des hommes intègres et des travailleurs salariés, je n'ai jamais rencontré ni entendu parler, avant cette affaire, des Sanchez et des Bailo Mata.

» A la suite de mon interrogatoire il semble que les cinqueteurs reconnaissent le bien-fondé de ma déposition. La preuve en est que, sans contrainte, je puis vous faire moi-même, ce soir ces déclarations. »

« A la veille de la guerre civile, raconte Perez, je faisais mes études à Barcelone où, si le monde avait bien tourné, je serais aujourd'hui un paisible commerçant. A 18 ans, je m'engage dans l'aviation gouvernementale. Et bientôt je pilote un Y-16, le *Mosca*, de l'aviation républicaine. Puis c'est la défaite, l'internement en France, le travail forcé pour les Allemands. Après la guerre, je croyais que je pourrais rentrer en Espagne. Mais non. Alors, j'ai adhéré, en août 1948, à la « Fédération anarchiste ibérique », la F.A.I., à Toulouse. C'est là que j'ai fait la connaissance d'un certain Ferrada qui, apprenant que j'étais pilote, m'a dit : « J'aurais bientôt du travail pour vous.»

Ferrada avait, en effet, acheté un avion par l'intermédiaire de M. Fontenis, secrétaire général de la Fédération Anarchiste de France. M. Fontenis, par solidarité anarchiste, servit pour cette opération de prête-nom à Ferrada et aux anarchistes espagnols qui, en tant qu'étrangers, n'avaient pas le droit d'acquérir un avion. Ferrada versa 1.600.000 francs. Et, quelques jours plus tard, les deux hommes prenaient possession à Guyancourt de l'appareil, l'avion personnel de M. Henri Farman, le constructeur d'avions.

« Ferrada m'a alors convoqué à Paris, continue Perez, et il a confié l'appareil. J'ai alors entrepris pendant quinze jours une série de vols d'entraînement sur Angoulême, Saint-Jean-d'Angély, Nevers et d'autres localités. Et bientôt je fus prêt à entreprendre la grande aventure.

» Les anarchistes espagnols, bien renseignés, savaient qu'à ce moment précis le général Franco prenait des vacances dans sa propriété près de Saint-Sébastien, tout près par conséquent de la frontière française. Ce devait être un jeu pour le Norécrin de survoler le but et d'y jeter une bombe.

Après Dax, ce fut l'attaque

» Deux camarades, Perez, mon homonyme, et Hortis se chargeraient du bombardement. A la date convenue pour le raid, le Norécrin les embarqua à Saint-Jean-d'Angély. Après une escale d'une nuit à Tarbes, le Norécrin reprit son vol le lendemain matin à la première heure. Le temps était couvert. Ça me plaisait. J'espérais pouvoir ainsi me glisser dans les nuages jusqu'à l'objectif. Après une dernière et courte escale à Dax, pour faire le plein d'essence, ce fut l'attaque.

» L'avion passa la frontière à midi. Le temps était de plus en plus couvert et il fallait naviguer à « l'estime », le Norécrin n'étant pas muni de radio. Cependant, bientôt, la résidence du chef d'État espagnol fut en vue. Fébrilement, mes camarades préparèrent leur bombe.

» Mais juste au même moment, deux avions de chasse surgirent de derrière une colline et foncèrent sur mon petit Norécrin, plus brave que dangereux. Je n'ai eu que le temps de piquer vers la mer et de me glisser au ras des flots vers la France, que j'ai atteinte quelques instants plus tard avant que les chasseurs n'aient pu me rejoindre. Nous étions saufs, mais le raid avait échoué.

» L'avion rentra à sa base d'où il ne devait plus sortir, malgré la promesse que Ferrada m'avait faite de me confier diverses missions commerciales. »

Peu après, le gouvernement franquiste aurait effectué une démarche auprès du Quai d'Orsay pour lui signaler l'incident. Cependant, le Quai d'Orsay a démenti qu'une telle intervention se soit produite. En tout cas, pendant les deux années qui suivirent, ni Ferrada ni Perez ne furent inquiétés.

C'est tout récemment, en effet, que l'affaire non seulement a été dévoilée mais a révélé des ramifications inquiétantes. Ferrada, en particulier, a été arrêté non pas pour avoir organisé le raid contre Franco, mais comme faux monnayeur. Et il est établi que le Norécrin avait été acheté avec les bénéfices de ce trafic. Ferrada n'en était pas d'ailleurs à son coup d'essai. Vente de faux papiers de résistance qu'il cédait jusqu'à 800.000 francs pièce à des collaborateurs, vente de fausses cartes d'alimentation, de faux marks, tous les faux lui étaient bons pour s'enrichir.

Le Norécrin était un des instruments de travail du gangster et n'était donc pas utilisé seulement pour des missions politiques et des liaisons avec l'Espagne. La police estime qu'il servait, en outre, à divers trafics et notamment au trafic d'or. Lorsqu'il venait dans la région parisienne, il était attendu par une camionnette.

« Je préfère ma justice à la Sociale... »

Celle-ci conduisit les policiers jusqu'à l'adresse d'un Espagnol. Mais quand ils arrivèrent, l'homme était mort la veille, asphyxié. La mort était accidentelle. L'hôtel était géré par des anarchistes espagnols.

A la suite des dramatiques hold-up de Lyon, les coupables, tous Espagnols, furent arrêtés. Le frère de l'un d'eux, Ballo Mata, dit Pépé, se suicida. Avant de mourir, il avait écrit sur son paquet de cigarettes : « Je préfère ma justice à celle que la Sociale peut me rendre. »

L'ensemble de ces faits conduit la police à penser qu'elle est en présence d'une puissante organisation d'anarchistes gangsters. Cependant, la police estime de plus en plus qu'il s'agirait simplement de gangsters travaillant, non pas pour le compte des anarchistes, mais pour leur seul profit et à qui les organisations anarchistes, la F.A.I. d'abord, puis la C.N.T. servaient de couverture.

Les anarchistes honnêtes sont consternés et dégoûtés par ces affaires si compromettantes. Primitivo Perez, en particulier, qui n'est en rien mêlé à ces crimes et que la police n'a pas inquiété, a renoncé à l'anarchisme comme à l'aviation. Il ne demande plus qu'une chose : qu'on le laisse en paix.

DIVERS FAITS

Les anarchistes espagnols réfugiés en France franchissaient les Pyrénées à bord d'un avion que la Sûreté a saisi hier près de Versailles

A la suite des récents événements et, notamment, du hold-up de la rue Du Guesclin auxquels furent mêlés des réfugiés politiques espagnols, les policiers de la Sûreté nationale ont saisi, samedi dernier, à l'aérodrome de Guyancourt, près de Versailles, un avion « Norécrin » immatriculé F. BEQB, qui servait aux anarchistes espagnols.

L'appareil appartenait à M. Fontenis, instituteur, 4, rue Fessart, à Paris, secrétaire général de la Fédération anarchiste française. Depuis 1949, le « Norécrin » n'avait pas quitté son hangar. Mais il avait auparavant effectué avec, à son bord, un pilote espagnol du nom de Lopez, au delà des Pyrénées, des parachutages d'agents. L'avion aurait plusieurs fois survolé la propriété du général Franco, à San Sebastian, sans doute pour la préparation d'un attentat.

Interrogé hier à la Sûreté, Fontenis a reconnu qu'il avait à quoi servait le « Norécrin ».

A plusieurs reprises, en 1948, le « Norécrin » s'était posé sur les terrains d'aviation d'Angoulême et de Saint-Jean-d'Angely. Une camionnette se rendait alors au devant du pilote, et prenait livraison d'un mystérieux colis.

Les policiers avaient, à ce moment-là, identifié le propriétaire de la camionnette, et s'étaient rendus à l'hôtel où il habitait. Mais ils se trouvèrent-là en présence d'autres policiers, venus enquêter sur la mort du chauffeur et de sa maîtresse trouvés asphyxiés par le gaz d'éclairage. Il avaient conclu à un accident. Mais cette version parait plus louche maintenant, quand on sait que l'hôtel était précisément géré par des anarchistes espagnols !

Enfin, les fonds nécessaires à l'achat de l'avion avaient, en réalité, été avancés par un trafiquant nommé Serada, qui a été arrêté récemment à Bonnières (Seine-et-Oise), où il tenait une imprimerie clandestine et fabriquait des faux reichsmarks. L'affaire parait encore loin d'être terminée.

"L'AURORE"

L'enquête sur l'agression lyonnaise
UN APPAREIL APPARTENANT A LA FÉDÉRATION ANARCHISTE EST SAISI A L'AERODROME DE GUYANCOURT

LA police a fait hier grand bruit de la saisie par la Sûreté nationale d'un mystérieux appareil Norécrin immatriculé F.B.E. QB., sur l'aérodrome de Guyancourt à côté de Versailles.

Cet avion, qui aurait été acheté pour 1.600.000 fr. à un trafiquant nommé Feradin (arrêté à Bonnières dans une imprimerie clandestine de faux marks) par la fédération anarchiste au nom de son secrétaire général en France, M. Fontenis, instituteur 4, rue Fessard, Paris XIX°, devait servir aux opérations anarchistes contre le franco et Saint-Sébastien.

Interrogé par le commissaire Queliac, M. Fontenis a confirmé cette rocambolesque histoire. En 1948, l'appareil se serait posé sur les terrains d'Angoulème et de St-Jean-d'Angely où une mystérieuse camionnette venait chercher de non mystérieux colis.

Le propriétaire de la camionnette — un Espagnol — serait mort accidentellement dans un hôtel tenu par d'une mystérieux anarchistes espagnols.

L'opération spectaculaire d'hier fait suite à l'enquête sur l'attentat du fourgon postal lyonnais.

A « Libertaire », organe anarchiste, ou l'on revendique l'aventure aérienne du Norécrin, on déclare que l'acte de gangstérisme de Lyon n'a rien de commun avec le mouvement anarchiste.

"LIBERATION"

Un avion "Norécrin" saisi à Guyancourt
Il servait au trafic des anarchistes espagnols

SUR commission rogatoire du Parquet de Lyon, les inspecteurs de la Police judiciaire de la Sûreté nationale ont saisi à l'aérodrome de Guyancourt l'avion « Norécrin » immatriculé F.B.E.Q.B.

Cette saisie fait suite à l'arrestation des anarchistes espagnols compromis dans la tentative de « hold up » de Lyon. L'avion appartient à M. Fontenis, instituteur.

D'après les renseignements recueillis à la police de l'Air, l'avion n'aurait pas quitté l'aérodrome de Guyancourt depuis octobre 1949. En 1948, le « Norécrin » était posé, à diverses reprises, sur les terrains d'aviation d'Angoulème et de Saint-Jean-d'Angely. Selon des renseignements non confirmés, il aurait d'ailleurs survolé une fois la propriété du général Franco à Saint-Sébastien.

Lorsque l'avion se posait sur les aérodromes de la région parisienne, une camionnette appartenant à un anarchiste espagnol se rendait à l'endroit indiqué et prenait livraison de colis dont la provenance et le contenu restaient mystérieux.

Les policiers identifièrent rapidement le propriétaire de la camionnette et se rendirent à l'hôtel où il habitait. Ils apprirent alors qu'il venait d'être trouvé mort en compagnie de sa maîtresse. L'enquête conclut à une mort accidentelle.

L'hôtel où habitait le propriétaire de la camionnette et le garage où il remisait sa voiture étaient gérés par des anarchistes espagnols.

"COMBAT"

L'avion des anarchistes espagnols était piloté par un aviateur de l'armée républicaine

A la suite de la saisie, à l'aérodrome de Guyancourt, du « Norécrin » appartenant à la Fédération anarchiste, le commissaire Queliac, de la Sûreté Nationale, a procédé à l'audition du propriétaire de l'appareil, M. Fontenis.

Ce dernier est instituteur à l'école communale de garçons, 4, rue Fessart, et secrétaire général de la Fédération anarchiste française.

Il a déclaré qu'il avait l'avion devait servir aux anarchistes espagnols pour poursuivre leur action contre le général Franco.

Il a été établi, d'autre part, que l'avion s'était posé en juin 1948 sur l'aérodrome de Fontenet, près de Saint-Jean-d'Angely, et avait pris ensuite la direction de Tarbes.

A cette époque, l'appareil était piloté par Gomez Perez, 34 ans, demeurant boulevard Bonne-Nouvelle, à Paris, ancien pilote de l'armée républicaine espagnole. Deux autres Espagnols, Ortiz et José Perez, l'accompagnaient. Gomez Perez, qui était inscrit à l'Aéro-Club Angérien, avait obtenu son brevet de pilote au début de l'année 1948, à Saint-Jean-d'Angely, et l'avait renouvelé sa licence au début de 1950.

Toutefois, il semble bien que M. Fontenis ait servi de prête-nom à l'achat du « Norécrin ». Les fonds — un million 600.000 francs — auraient été fournis par un autre anarchiste espagnol, Santos Serada, arrêté il y a trois semaines, à Gaillon, dans l'Eure, avec cinq complices, lors de la découverte d'une imprimerie clandestine servant à l'impression de faux billets de banque allemands, de fausses pesetas et même de faux billets de la Loterie Nationale.

L'enquête, après ces découvertes, est loin d'être terminée pour autant. Bien au contraire. Elle va se poursuivre à Paris et dans plusieurs villes de province où les anarchistes espagnols ont organisé de nombreux relais. Cette affaire — nous l'avons dit ici à plusieurs reprises — revêt maintenant un authentique caractère de complot contre la sûreté intérieure de l'État.

"PARIS-PRESE - L'INTRANSIGEANT"

"LE FIGARO"

Un avion appartenant aux anarcho-gangsters espagnols est saisi sur l'aire de Guyancourt

MUNIS d'une commission rogatoire émanant du Parquet de Lyon, des inspecteurs de la Sûreté Nationale se sont rendus samedi sur le terrain d'aviation de Guyancourt, près de Versailles, pour y saisir un avion « Norécrin » que des anarchistes espagnols utilisaient pour des voyages clandestins et des transports de fonds outre-Pyrénées.

Cette opération se situait dans le cadre de l'enquête que mènent, depuis le hold up manqué de la rue Du-Guesclin, les policiers de Lyon.

L'appareil saisi samedi avait été pris en chasse par l'aviation espagnole en 1948, mais sans succès, et l'affaire s'était terminée par un échange de notes entre le Quai d'Orsay et Madrid. Ce fut lui aussi, croit-on, qui aurait servi à une tentative d'attaque contre la propriété de Franco, à San-Sebastian, sur laquelle les anarchistes avaient projeté de lancer une bombe.

L'appareil était surveillé par la police de l'Air depuis plusieurs années en raison de ses départs suspects.

Deux morts

Cependant, l'avion n'avait pas quitté, Guyancourt depuis octobre, 1949. Il appartient à M. Fontenis, instituteur dans la Seine, et qui serait gérant d'un journal anarchiste. M. Fontenis n'aurait d'ailleurs servi que de prête nom. Le pilote de l'appareil est un Espagnol, Lopez. Les fonds qui ont permis l'achat du « Norécrin » auraient été fournis par un Espagnol nommé Cerrada, arrêté il y a trois semaines aux Andelys alors qu'il fabriquait de faux marks.

En 1948, l'appareil se rendit fréquemment en Espagne. A son retour en France, il atterrissait soit à Saint-Jean-d'Angély, soit à Angoulême. Lorsqu'il se posait à Angoulême, il était attendu par une camionnette venue de Paris. Sur le terrain, s'effectuait le transbordement de colis, puis la camionnette regagnait la capitale. La police de l'Air qui avait réussi à identifier la camionnette, découvrit qu'elle appartenait à un Espagnol habitant dans un hôtel géré par des anarchistes. Les policiers se présentèrent à cet hôtel et y trouvèrent déjà d'autres policiers. En effet, le propriétaire de la camionnette avait été trouvé dans sa chambre, asphyxié, en compagnie de sa maîtresse. L'enquête conclut à une mort accidentelle.

Un véritable complot

Ainsi, il apparaît chaque jour davantage que les anarchistes espagnols réfugiés en France et arrêtés après l'affaire de Lyon étaient solidement organisés et possédaient de puissants moyens, acquis grâce aux exploits crapuleux de quelques gansters. Exploits qui devaient se solder, devant la poste de la rue Du-Guesclin, par trois morts et dix blessés !

Il apparaît donc, de plus en plus, qu'on ne se trouve plus devant une simple affaire criminelle, mais bien devant un véritable complot intéressant la sûreté de l'État...

L'ENQUETE SUR LES BANDITS DE LYON

Un avion appartenant à des anarchistes espagnols est saisi par la police sur le terrain de Guyancourt

Les anarchistes espagnols qui prirent part à l'attentat contre la poste de Lyon et qui ont été arrêtés ne sont-ils que de vulgaires malfaiteurs faisant des coups de main au hasard, ou, au contraire, appartiennent-ils à une vaste organisation politique ayant à sa disposition les moyens les plus modernes ?

Les policiers semblent le croire, car l'enquête vient en effet d'établir que les membres de la bande se rendaient souvent clandestinement en Espagne, par avion.

La saisie, sur l'aérodrome civil de Guyancourt, près de Versailles, d'un « Norécrin » immatriculé F.B.E.Q.B., par des inspecteurs de la Sûreté, sur commission rogatoire du parquet de Lyon, confirmerait cette hypothèse.

L'avion avait été immatriculé au nom d'un instituteur, M. Fontenis, qui cumulait les fonctions d'instituteur à l'école primaire de garçons de la rue Fessart (19e) et de secrétaire général de la Fédération anarchiste française, a été entendu hier après-midi de la Sûreté nationale.

Il a déclaré qu'étant en rapport avec ses camarades anarchistes espagnols il n'avait vu aucun inconvénient à leur prêter son nom pour faire inscrire l'appareil dont ils se servaient pour des missions clandestines.

M. Fontenis a été laissé en liberté.

Terrorisme ou trafic d'or ?

Signalons que l'appareil n'a pas quitté le terrain depuis octobre 1949 ; il était sous la surveillance de la police de l'Air.

Jusqu'à cette date, piloté par un certain Gomez Perez, demeurant boulevard Bonne-Nouvelle, à Paris, l'avion avait effectué plusieurs expéditions en Espagne, utilisant au retour les terrains d'Angoulême, Saint-Jean-d'Angély ou Guyancourt. A chaque voyage, sur ce dernier terrain une camionnette venait charger des colis.

Ce trafic intrigua la police de l'Air qui surveilla la camionnette. Or ce véhicule, remisé dans un garage géré par des anarchistes, appartenait à des gens demeurant dans un hôtel également par des anarchistes. Les enquêteurs se rendirent à cet hôtel, mais le chauffeur de la camionnette et son amie venaient de mourir asphyxiés.

Les services de police recherchent un deuxième avion appartenant à l'organisation anarchiste, dont on connaît l'existence et qui doit être basé en Afrique du Nord.

Ancien pilote de l'armée républicaine espagnole, Gomez Perez, inscrit à l'aéro-club de Saint-Jean-d'Angély, avait obtenu son brevet de pilotage en 1948, dans cette ville. Il avait fait renouveler sa licence au début de 1950.

J'ALLAIS BOMBARDER LA VILLA DE FRANCO LORSQUE...

FRANCE DIMANCHE est à même aujourd'hui de révéler à ses lecteurs tous les détails du raid aérien dans la meilleure tradition terroriste que les anarchistes espagnols lancèrent il y a deux ans pour abattre Franco.

Ce raid fut exécuté dans un avion Norécrin qe la Sûreté nationale vient de saisir sur le terrain de Guyancourt près de Versailles. Les récentes arrestations de gangsters espagnols se disant anarchistes, qui avaient écumé la région lyonnaise depuis 1946, poussent actuellement la police à rechercher les liens entre certaines opérations politiques des anarchistes espagnols, comme le raid contre Franco, et divers actes de gangstérisme imputés aux milieux espagnols. La police se demande notamment dans quelle mesure hold-up et agressions n'avaient pas pour but de financer les opérations des anarchistes en Espagne.

Le héros de ce raid désespéré, le pilote du Norécrin, dont nous publions ci-dessus la photo, est l'anarchiste espagnol Primitivo Perez. Il faillit réussir. Mais depuis son échec sa vie, qui fut héroïque, s'épuise dans une petite chambre d'hôtel de la banlieue parisienne. Sa femme l'a quitté en emmenant sa petite fille. Il est malade (on lui a enlevé un rein) et il subsiste avec les 10.000 fr. que lui alloue la Sécurité sociale. En outre, il vit dans la terreur d'être abattu par des agents franquistes qui eux, croit-il, ne le rateraient pas.

Apéndice 3:

Febrero-Noviembre de 1955
Fotocopias de los documentos
relativos a la venta
de la avioneta efectuada
por Georges Fontenis

PROMESSE DE VENTE
-=-=-=-=-=-=-=-=-

Il a été convenu ce qui suit entre :

> Monsieur Georges FONTENIS
> 7, rue Faissart
> PARIS XIème

et

> Monsieur Yves CAUDRON
> 39, Bld de Stalingrad
> VANVES (Seine)

1°/- Monsieur FONTENIS reconnaît avoir la qualité de propriétaire de l'avion NORECRIN immatriculé F - BEQB et peut, en conséquence, réaliser cette vente.

2°/- Monsieur FONTENIS s'engage à vendre à Monsieur CAUDRON, dans l'état où il se trouve, le NORECRIN immatriculé F - BEQB garé à l'aérodrome de GUYANCOURT, pour la somme de Frs 300.000.= (TROIS CENT MILLE FRANCS)

3°/- Cette promesse de vente est irrévocable et Monsieur CAUDRON s'engage à verser un premier acompte de Frs 50.000.= (CINQUANTE MILLE FRANCS) à la signature de la présente.

4°/- Monsieur CAUDRON prendra à sa charge tous les frais qui pourraient lui être réclamés par l'Administration de l'Aviation Civile pour les frais de garage.

5°/- Monsieur CAUDRON a eu connaissance de la situation administrative et judiciaire de l'appareil. Il fera toutes démarches en vue d'obtenir la levée ou l'annulation de la saisie du Parquet de Lyon.

6°/- Dans le cas où cette vente ne pourrait être concrétisée en raison des impondérables cités au paragraphe 5, Monsieur FONTENIS s'engage à rembourser à Monsieur CAUDRON, le ou les acomptes versés.

Fait à Paris, le 22 février 1953

Chèque N° 9.832.708. Crédit Lyonnais

79

O R D O N N A N C E

Nous, LE GUEUT, Juge d'Instruction de l'Arrondissement de LYON,

Vu la procédure suivie contre SANCHEZ Juan, GUARDIA - SOCADA Antonio, BEILO-MATA Francesco, CATALA-BALAGNA et tous autres,

    du chef d'association de malfaiteurs,

Vu la procès-verbal de saisie, en date du IO février I95I, portant sur un appareil Norécrin immatriculé F.B.E.Q.B. N°I39, basé à l'aérodrome de GUYANCOURT .

    Attendu qu'il n'y a pas lieu, en l'état de l'information, de maintenir la mesure de saisie prise le IO février I95I, par la Police Judiciaire de PARIS,

    Ordonnons la restitution au Sieur FONTENIS Georges, né le 27 avril I920 à Paris (I4°), demeurant 7 rue Fessart à PARIS , de l'appareil Norécrin immatriculé F.B.E.Q.B. N°I39, et la levée des scellés apposés sur un accessoire de cet appareil.

    Fait en notre Cabinet, au Palais de Justice,
           à LYON le I9 mars I955

           Le Juge d'Instruction
           signé: J. LE GUEUT

Pour copie conforme à l'original
qui nous a été présenté
Paris, le 27 mars I955
Le Commissaire de Police,

80

Le 31 Mars 1955

Monsieur Georges FONTENIS
7 Rue Faissart
PARIS 19ème

Monsieur,

Faisant suite à notre entretien de ce jour et aux accords que nous avons pris ensemble en vue du réglement du NORECRIN FBEQ-B, je vous prie de trouver ci-inclus :

- Chèque N° 9832725 de Frs I00.000.-

représentant le deuxième accompte.

Vous voudrez bien me faire parvenir par retour l'autorisation de prise en charge annexée à la présente.

Vous en remerciant,

Je vous prie d'agréer, Monsieur, mes sincères salutations.

Y.CAUDRON

Monsieur Yves CAUDRON
I9, rue Pitois
PUTEAUX (Seine)

Le 2 Mai 1955

Monsieur Georges FONTENIS

7, rue Faissart

PARIS XX°

Monsieur,

Je vous prie de trouver ci-inclus chèque N° 9834185 PD de Frs 50.000.- représentant le 3ème acompte sur l'achat du MORECRIN F-BEQB.

En raison directe de la sympathie que je vous porte, il m'aurait été agréable d'avoir de vos nouvelles.

Dans l'attente de vous lire,

Je vous prie d'agréer, Monsieur, mes sincères salutations.

Y. CAUDRON

Monsieur Yves CAUDRON
19, rue Pitois
PUTEAUX (Seine)

M. CAUDRON Yves
39, Bld de Stalingrad
VAUX (Seine)

Monsieur FONTEHIS
7, rue Feyssard
PARIS XIXème

Monsieur,

Faisant suite à notre dernière conversation je
vous prierai de bien vouloir intervenir auprès de vos amis afin
que le règlement du solde concernant l'achat du MONOMOTEUR F - BFOB
soit reporté dans sa totalité début Septembre.

Dans le cas où ma proposition ne pourrait être ac-
ceptée je m'engage à vous remettre un chèque de Frs 50.000.-- à
la fin de ce mois et le solde soit 50.000 Frs payable début Septembre.

En raison de nos relations amicales j'ose espérer
que vos amis apporteront, pour solutionner cette affaire, la plus
large compréhension.

En vous remerciant de bien vouloir intervenir en
ma faveur,

Je vous prie d'agréer, Monsieur, mes sincères salutations.

Y. CAUDRON

M. Yves CAUDRON
39, Bld de Stalingrad
VANVES (Seine)

Vanves, le 9 Septembre 1955

Monsieur FONTENIS
7, rue Fessart
PARIS XIXème

Monsieur,

      Je vous prie de trouver ci-inclus chèque n° 8.400.778 de Frs 50.000.— correspondant au cinquième versement que nous avions convenu ensemble.

      En raison des ennuis que je viens de subir et que je vous ai exposés lors de notre dernière conversation téléphonique, je vous prie de bien vouloir m'excuser auprès de vos amis de ce léger retard.

      Je puis vous assurer que le solde du paiement vous sera fait à la fin de ce mois.

      En vous remerciant à l'avance de bien vouloir intervenir en ma faveur,

      Je vous prie d'agréer, Monsieur, mes sincères salutations.

Y. CAUDRON

Le 2 Novembre 1955

Monsieur Y. CAUDRON

19, rue Pitois,

<u>PUTEAUX</u> (Seine)

Monsieur FONTENIS

7, rue Fessart

<u>PARIS</u> (19è)

Monsieur,

Je vous prie de trouver ci-inclus chèque n° 8.400.787. PD sur le Crédit Lyonnais de francs: 50.000 venant solder mon compte.

Il me serait agréable de vous rencontrer prochainement, afin que nous puissions convenir d'un rendez-vous sur l'Aréodrome de Guygnancourt.

Je vous prie, d'agréer, Monsieur, mes salutations distinguées.

Apéndice 4:

2 de junio de 1970
Nueva detención de Laureano
Cerrada por falsificación

ARRESTATION D'UN FAUSSAIRE. A BOULOGNE-BILLANCOURT

La police a arrêté un fabricant de fausses cartes d'identité, dont bénéficiaient les malfaiteurs en fuite. Il s'agit de Santos Cerrada, soixante-sept ans, ressortissant espagnol, demeurant 10, rue Emile-Landrin à Boulogne-Billancourt (Hauts - de - Seine).

Depuis neuf ans, les enquêteurs cherchaient à identifier Cerrada. Mais aucune des personnes en possession de faux papiers ne semblait connaître l'imprimeur. En février dernier cependant, sept hommes étaient appréhendés dans un garage de Saint-Denis alors qu'ils prenaient livraison de cartes d'identité et de permis' de conduire fabriqués par l'Espagnol.

Il a été mis à la disposition de M. Fourmont, juge d'instruction à Paris.

Índice de nombres citados

Índice de Fotos

Índice

Apéndices